A GLOSSARY OF THE NEW TESTAMENT

신약성경 용어해설집

가르침[교훈] 감사

거룩 경건 교회

기도 기쁨[희락]

동역 말씀 복음

사랑 생명 섬김

성경 세대[영원 끝날]

소망 율법 용서[죄 사함]

의 이방인 이웃

절제 종말[나중 마지막 말세]

하나 됨 화해[화목]

신약성경 용어해설집

2017년 9월 20일 초판 1쇄

지은이 / 장흥길
펴낸이 / 이연옥
펴낸곳 / 도서출판 한국성서학
등록 / 1991년 12월 21일 제1-1286호
주소 / 서울 종로구 율곡로 190 여전도회관 1105호
전화 / 02-766-5220
팩스 / 02-744-7046
e-mail/bibleforum@bibleforum.org
http://www.bibleforum.org
총판 / 도서출판 두란노(전화 02-749-1059 /팩스 02-749-3705)

ISBN 978-89-86015-96-6 93230
값 11,000원

이 도서의 국립중앙도서관 출판예정도서목록(CIP)은 서지정보유통지원시스템 홈페이지(http://seoji.nl.go.kr)와 국가자료공동목록시스템(http://www.nl.go.kr/kolisnet)에서 이용하실 수 있습니다.
[CIP제어번호 : CIP2017024217]

A GLOSSARY OF THE NEW TESTAMENT

장흥길 지음

신약성경 용어해설집

—

가르침[교훈] 감사

거룩 경건 교회

기도 기쁨[희락]

동역 말씀 복음

사랑 생명 섬김

성경 세대[영원 끝날]

소망 율법 용서[죄 사함]

의 이방인 이웃

절제 종말[나중 마지막 말세]

하나 됨 화해[화목]

한국성서학연구소
KOREA INSTITUTE OF BIBLICAL STUDIES

머리말

한국 교회의 올바른 하나님 말씀 선포를 소망하며…

올 가을에는 루터(M. Luther)가 1517년 10월 31일 독일 비텐베르크(Wittenberg)에서 로마 가톨릭 교회의 부패와 타락에 대항하여 성(城) 교회 정문에 95개 조항으로 된 반박문을 붙임으로 '종교개혁'(Reformation)의 기치(旗幟)를 들고 개혁을 시작한지 반(半)천 년을 맞이하게 된다. 흔히 알려진 '종교개혁'은 종교 전반에 대한 개혁이라기보다는 당시 기독교화 된 유럽의 가톨릭 교회에 대한 개혁이었다. 이런 점에서 '종교개혁'은 엄밀하게 '기독교 개혁' 내지는 '교회 개혁'이다.

루터를 비롯한 종교개혁자들에 의해 실행된 교회 개혁의 다섯 핵심 가치는 '오직 성경'(sola scriptura), '오직 그리스도'(solus Christus), '오직 믿음'(sola fide), '오직 은혜'(sola gratia), '오직 하나님께 영광'(soli Deo gloria)이다. 이러한 핵심 가치들은 교회가 교회다워지기 위한 필수적인 요소인데, 그 모든 중심은 만물의 근원이요, 본질인 하나님의 말씀으로 돌아가야 한다는 것이다.

곧 교회는 말씀이 육신이 되어 세상에 오신 예수 그리스도(요 1:1-17)의 '몸'이고, 예수 그리스도는 그 몸의 '머리'가 되시므로(엡 1:22-23; 5:22-23), 말씀이신 예수 그리스도의 반석 위에 세워진 교회는 말씀을 선포하고 말씀으로써 거듭나야 한다. 종교개혁 5백 주년을 맞이하는 2017년에 발간되는 『신약성경 용어해설집』이 이러한 하나님의 말씀으로 돌아가야 한다는 염원을 담아 하나님의 말씀을 준비하고, 전하고, 가르치는 한국 교회의 목회자와 지도자들에게 올바른 믿음과 사역의 방향을 설정하고 그 길을 안내하는 좌표가 될 것이라고 여긴다.

「한국성서학연구소」는 '한국 교회를 위한 성서학 정론지'를 표방하며 계절마다 발간되는 연구소 정기 간행물인 『성서마당』에 2007년 여름호에 '성경 용어 해설'이라는 새로운 '모서리'를 만들어 신구약성경의 주요 용어 중 '회개'를 해설하였고, 이어 필자가 2011년 봄호(통권 제97호-신창간 28호)부터 6년 넘게 『성서마당』에 신약성경의 주요 용어 해설을 연재해 왔다. 그러던 중에 올해 종교개혁 500주년을 맞이하는 기념으로 연재물을 모아 출판하는 것이 말씀을 준비하는 한국 교회 지도자들에게 도움이 되고 교회와 신학을 위한 실용적 가치가 있다고 여기면서 『신약성경 용어해설집』을 세상에 내놓게 되었다.

본 용어 해설집에 수록된 25개의 주요 주제 용어는 신구약성경의 중요한 주제가 되는 핵심어인 '가르침(교훈)', '감사', '거룩', '경건', '교회', '기도', '기쁨(희락)', '동역', '말씀', '복음', '사랑', '성령', '섬김', '성경', '세대(영원, 끝날)', '소망', '율법', '용서(죄 사함)', '의', '이방인', '이웃', '절제', '종말(나중, 마지막, 말세)', '하나 됨', '화해(화목)'이다. 물론 각 용어에 대한 신약성경 용어 해설은 해당 용어에 대응한 구약성경의 용어 해설과 짝을 이룬다. 그러므로 독

자는 신구약 성경의 연속성 내지는 통합성을 고려하여 신약성경에서 해당 용어가 지닌 의미를 찾아볼 수 있다.

각 용어 해설은 네 가지 단락으로 구분되어 있다. 곧 해당 용어는 '들어가는 말', '용어의 신약 권별 빈도와 의미', '용어의 신학적 용례와 특징', '신앙적·목회적 적용'으로 나누어 다루어진다.

먼저, '들어가는 말'에는 해설되는 주제 용어의 중요성이나 시대적 요구가 부각되어 있고, '용어의 신약 권별 빈도와 의미'에서는 주제 용어가 신약 전체에서 몇 번이나 등장하고, 어느 책에서 특징적으로 나타나는지, 그러한 특징에 따른 의미를 살펴본다. 이어지는 단락인 '용어의 신학적 용례와 특징'에서는 용어를 사용하는 저자의 신학적 의도 내지는 신학적 용례와 특징을 주로 다루며, 그런 다음, '신앙적·목회적 적용'에서 해당 용어의 실용적 의미를 모색한다. 그런 다음 각 장의 마지막 면에는 용어 해설에 참고한 '읽을 거리(주요 문헌 목록)'을 수록하였다.

이로써 독자는 해당 용어에 대하여 더 심오하게 연구하고 조사할 수 있다. 특히 발츠(H. Balz)와 슈나이더(G. Schneider)가 공동으로 편집한 세 권으로 이루어진 『신약 석의사전』(*Exegetisches Wörterbuch zum Neuen Testament*)이나 킷텔(G. Kittel)이 편집한 10권의 『신약 신학사전』(*Theologisches Wörterbuch zum Neuen Testament*) 등 용어 조사에 필수적일 만큼 중요한 참고 문헌과 필자의 글들을 함께 읽는다면 더 깊은 연구와 조사에 많은 도움을 받을 수 있을 것이다.

그밖에, 독자들이 주제 용어를 용이하게 찾을 수 있도록 『신약성경 용어해설집』의 목차에 두 가지 목차를 실었다. 그 하나는 '우리말 자음(子音)순으로 찾아보기'이고, 다른 하나는 '헬라어 자모(字母)순으로 찾아보기'이다.

끝으로, 그동안 연재한 신약성경 용어해설을 묶고 세심하게 교정을 보며, 『신약성경 용어해설집』으로 출판할 수 있도록 수고한 「한국성서학연구소」 전임 연구원인 라병원 목사(장로회신학대학교 박사 과정생)와 장성민 박사에게 감사한다. 무엇보다도, 이 책이 세상에서 빛을 볼 수 있게 된 것은 전적으로 '알파와 오메가'가 되시는 하나님의 은혜이다. 모든 영광은 주님의 것이며, 본서가 한국 교회와 신학계에 신약성경의 주요 용어 이해에 도움이 되어 더 깊은 하나님의 말씀 연구에 기여할 수 있기를 바랄 뿐이다.

종교개혁 500주년을 기념하는
2017년 가을의 문턱에 들어서며,

연지골 「한국성서학연구소」에서
지은이, 장 흥 길

차례 1
우리말 자음 순으로보기

기도 기쁨희락
동역 말씀 복음
사랑 생명 섬김
성경 세대영원 끝날
소망 율법 용서죄사
의 이방인 이웃

기도 기쁨희락
동역 말씀 복음
사랑 생명 섬김
성경 세대영원 끝날
소망 율법 용서죄사
의 이방인 이웃

차례 2
헬라어 자모 순으로 보기

A GLOSSARY OF
THE NEW TESTAMENT

신약성경
용어해설집

01

신약성경의 '가르침' (교훈)

δ ι δ ά σ κ ω , δ ι δ α χ ή
용어를 중심으로

마태복음 4:23

Καὶ περιῆγεν ἐν ὅλῃ τῇ Γαλιλαίᾳ **διδάσκων** ἐν ταῖς συναγωγαῖς αὐτῶν καὶ κηρύσσων τὸ εὐαγγέλιον τῆς βασιλείας καὶ θεραπεύων πᾶσαν νόσον καὶ πᾶσαν μαλακίαν ἐν τῷ λαῷ. 예수께서 온 갈릴리에 두루 다니사 그들의 회당에서 **가르치시며** 천국 복음을 전파하시며 백성중의 모든 병과 모든 약한 것을 고치시니

요한복음 8:20

Ταῦτα τὰ ῥήματα ἐλάλησεν ἐν τῷ γαζοφυλακίῳ **διδάσκων** ἐν τῷ ἱερῷ· καὶ οὐδεὶς ἐπίασεν αὐτόν, ὅτι οὔπω ἐληλύθει ἡ ὥρα αὐτοῦ. 이 말씀은 성전에서 **가르치실** 때에 헌금함 앞에서 하셨으나 잡는 사람이 없으니 이는 그의 때가 아직 이르지 아니하였음이러라

로마서 6:17

Χάρις δὲ τῷ θεῷ ὅτι ἦτε δοῦλοι τῆς ἁμαρτίας ὑπηκούσατε δὲ ἐκ καρδίας εἰς ὃν παρεδόθητε τύπον **διδαχῆς**, 하나님께 감사하리로다 너희가 본래 죄의 종이더니 너희에게 전하여 준 바 **교훈**의 본을 마음으로 순종하여

디도서 1:9

Ἀντεχόμενον τοῦ κατὰ τὴν **διδαχὴν** πιστοῦ λόγου, ἵνα δυνατὸς ᾖ καὶ παρακαλεῖν ἐν τῇ **διδασκαλίᾳ** τῇ ὑγιαινούσῃ καὶ τοὺς ἀντιλέγοντας ἐλέγχειν. 미쁜 말씀의 **가르침**을 그대로 지켜야 하리니 이는 능히 바른 **교훈**으로 권면하고 거슬러 말하는 자들을 책망하게 하려 함이라

1. 들어가는 말

예수 그리스도께서 세상에 오신 것은 '하나님의 나라'를 전하기 위함이었다. 예수는 '하나님의 나라', 곧 '그 나라의 복음'(τὸ εὐαγγέλιον τῆς βασιλείας)을 회당에서 '가르치시고'(διδάσκων), 두루 다니면서 '전하시며'(κηρύσσων), 백성들 가운데서 모든 병과 모든 약한 것을 '고치시면서'(θεραπεύων) 전하셨다(마 4:23-24; 9:35).

이와 같이 하나님 나라를 전하신 예수를 '그리스도'(ὁ χριστός)와 '살아 계신 하나님의 아들'(ὁ υἱὸς τοῦ θεοῦ τοῦ ζῶντος)로 받아들인 '신앙고백'(마 16:16) 위에, 곧 '반석'(πέτρα) 위에 세워진 주님의 '교회'(ἐκκλησία, 마 16:18)에서 그의 '가르침'(διδαχή)과 그 가르침을 깨닫게 하거나 그것을 지키도록 가르쳐 하나님 나라의 길을 일깨우는 '교육'(διδαχή)은 '예배'(λειτουργία), '친교'(κοινωνία), '봉사'(διακονία), '선교'(κήρυγμα)과 함께 교회의 중요한 5대 기능이 되었다.

예수께서 하나님의 나라를 전하기 위하여 행하셨던 중요한 역할의 하나로 교회의 중요한 기능인 '가르침'(διδαχή)에 대하여 살펴보면서 "신약성경에 나타나는 '가르침'의 의미와 또 그 '가르침'을 언급하는 신약성경 저자의 신학적 의도와 그것을 오늘날의 그리스도인에게로 옮길 수 있는 신학적·해석학적 원리는 무엇인가?"에 대해 대답하기 위해 신약성경에서 '가르침'에 대하여 가장 일반적 개념으로 사용된 동사형 '가르치다'(διδάσκω)와 그 명사형 '가르침'(διδαχή) 용어의 신약 권별 빈도(頻度)와 그 의미(2)를 살펴보고, 신학적 용례와 특징(3)을 조사하고, 그러고 나서 그 신학적 용례의 신앙적이며 목회적인 적용점(4)을 찾아보고자 한다.

2. '가르치다', '가르침' 용어의 신약 권별 빈도와 의미

'가르치다'(teach)나 '훈계하다'(instruct)는 의미로 사용된 동사형 '디다스코'(διδάσκω)는 신약성경에 총 97회 등장한다. 이 중 4분의 3 이상은 복음서 저자에 의해 사용되었다(총 74회: 마태복음 14회, 마가복음 17회, 누가복음 17회, 사도행전 16회, 요한복음, 16회). 그밖에는 서신서(21회)와 요한계시록(2회)에 나타난다.

동사형 '가르치다'에서 파생된 명사형 διδαχή('가르침', '교훈')는 신약성경에서는 일반적인 용례가 아니라 신학적 용례로 사용되었는데, 신약성경의 후기 문헌으로 갈수록 기독교적으로 개념화되어 규정된 용어로, 동사형보다 상대적으로 아주 덜 빈번하게 나타난다.

명사형인 '디다케'는 '가르치는 행위'뿐 아니라 '가르침의 내용'까지도 의미하는데, 신약성경에서 총 30회 등장한다. 그 중 절반 정도는 복음서 저자의 저술(총 16회: 마태복음 3회, 마가복음 5회, 누가복음 1회, 사도행전 4회, 요한복음, 3회)에서 나타나며, 절반 정도(총 14회)는 요한계시록에 3회, 서신서에 11회 등장한다. 또 서신서에서는 바울서신에서 6회, 히브리서 2회, 요한이서에서 3회 나타난다.

3. '가르치다', '가르침' 용어의 신학적 용례와 특징

신약성경에서 동사형 '가르치다' 용례의 대부분(50회)은 가르치는 예수의 활동과 관련되어 나타난다.

첫째, 예수는 회당에서(막 1:21; 마 4:23; 9:35; 눅 4:15; 요 6:59 등)나, 성전에서(막 12:14; 마 21:23; 눅 19:47; 요 8:20 등)나 '가르치는 자', 곧 '선생'(διδάσκαλος)으로 묘사된다(막 10:1; 마 4:23; 눅 4:15; 요 6:59). 그렇기는 하지만, 예수는 당시 유대교 사회의 선생이었던 서기관과는 달리 '권위 있는 자'와 같았다(마 7:28-29; 28:18). 이런 점에서 '선생'은 단순히 '가르치는 자'라는 '일반적 용례'가 아니라, '주님'으로서 '선생'이라는 '기독론적 용례'로 사용되었다(요 13:13-14).

둘째, 마가의 경우 가르침은 '전함'(κηρύσσειν)과 구별되는 예수의 전형적인 활동을 나타낸다. 이는 마가복음에서 '가르치다'는 동사형이 제자들과 관련해서는 단 한 번만 사용되는 반면(6:30), 예수의 사역을 표현하기 위해서는 15회나 쓰이는 데서 알 수 있다. 무엇보다도, 세 번의 '수난 예고'(막 8:31; 9:31; 10:33-34)에서 볼 수 있는 것처럼 예수의 가르치는 사역은 그 자신의 운명과 직접적으로 연결되어 있다. 곧 예수는 가르치는 주체인 동시에 가르침의 대상이다.

셋째, 말씀과 행함으로써 하나님 나라를 전하고 가르치신 예수의 삶을 전하는 마태복음에서도 가르치는 활동을 하는 '선생'으로서 예수상이 강조된다(4:23; 9:35; 11:1). 그러나 유대교의 '랍비'와 유사한 '선생' 칭호는 제자가 아닌 자들에게서 발설되는 반면(8:19; 12:38; 19:16; 22:16 등), 제자들은 예수를 '주님'(κύριε)으로 칭한다(8:25; 17:15 등). 곧 예수께서는 더 이상 유대적 의미의 랍비가 아니라, 산상수훈에서처럼 하나님의 뜻을 알려주는 하나님의 아들이시기 때문이다. 이러한 가르침은 부활하신 분이 제자들에게 위임하며 당부하는 가르침(28:19)에서 계속되어야 한다.

넷째, 누가는 예수의 활동을 '가르침'으로 특징짓기는 하지만(4:15,

31; 5:3, 17 등; 행 1:1 참조), 예수의 '가르침'과 '전하심'(κηρύσσειν)을 분명하게 구별하지 않고 사용한다(눅 4:31과 4:44을 비교).

다섯째, 요한복음에서도 동사형 '디다스코'는 포괄적인 의미에서 예수의 '선포'를 뜻한다(6:59; 7:14, 28, 35; 8:20; 9:34 등).

또한 신약성경에서 30회 등장하는 명사형 '디다케'는 한 번(히 13:9)을 제외하면, 모두 단수형으로 사용되었다. 이 경우 그것은 '가르침'이나 '가르치는 말씀'이라는 능동적인 의미를 나타내거나(막 4:2; 12:28; 고전 14:6, 26; 딤후 4:2), '가르침을 통해 전달되는 교리'라는 수동적인 의미를 나타내기도 한다. 서신에서 이 용어는 기독교 '교리'를 표현하는 전문적 의미로 사용되는 발단을 찾을 수 있다.

물론 복음서에서 디다케는 예수의 '가르침'(막 1:22; 4:2; 11:18; 12:38; 마 22:33)뿐 아니라 바리새인이나 서기관의 '가르침'(마 16:12)을 지칭한다. 그러나 예수의 가르침은 이와 대조적으로 '권위 있는 새로운 가르침'으로 묘사되었다(막 1:27; 마 7:28; 요 7:16 이하).

복음서 밖에서 '디다케'는 일관성 있게 사용되지 않는다. 곧 바울의 설교가 '가르침'이라고 여겨졌는가 하면(행 17:19), 교회 안에 확고하게 자리를 잡은 교훈 전승으로서 '가르치는 말씀'을 의미하기도 하였다(행 2:42; 롬 6:17; 딤후 4:2; 딛 1:9 등). 특히 신약의 후기 문헌에서 '디다케'는 '거짓 교훈'과 대조되는 '그리스도의 교훈'(요이 2:9; 계 2:14 이하 등)으로 묘사된다. 유일하게 복수로 표현된 히브리서 13:9에서의 '디다케'는 교회의 '바른 가르침'에 위배되는 '여러 가지 다른 교훈'을 가리킨다.

4. 신앙적·목회적 적용

신약성경에서 '가르침'을 언급하는 저자의 신학적 의도와 이러한 '가르침'의 신학적 용례와 특징에서 오늘날의 그리스도인에게도 여전히 유효한 신앙적·목회적 적용점을 다음과 같이 요약해 볼 수 있다.

첫째, 예수의 가르침과 이에 근거를 둔 신약성경 저자들의 가르침은 일반적인 용례가 아니라 신학적 용례로 사용되었다. 가르침은 지식의 전수나 인격의 수양이 아니라 인간을 구원하시는 하나님의 아들 예수 그리스도가 전하시는 '복음'과 관련되어 있다. 곧 예수 그리스도는 단순한 '선생'이 아니라 구원을 중재하는 '기독론적 선생'이다.

둘째, 예수는 하나님의 뜻을 형식과 내용 양면으로 선포하는 구원의 복음을 가르치는 선생이며, 동시에 그 가르침의 내용되는 '복음 그 자체'이시다(막 10:45). 곧 '예수 그리스도의 복음'의 관점에서 가르치는 '주체'와 가르침의 내용인 '객체'가 하나이다.

셋째, 가르침은 예수에 의해 선포된 '하나님 나라'에 그 근거를 두고 있으며, 성장하는 교회 안에서 사도들에 의해 전해진 '교훈 전승'으로 건강한 '가르치는 말씀', 곧 '교리'로 계승된다.

넷째, 이러한 건전하고 올바른 '사도적 교훈 전승'은 거짓 교훈을 퍼뜨리는 이단(異端)의 '다른 가르침'과 대조된다.

예수에 의해 선포된 '하나님 나라'에 근거를 둔 가르침을 받은 그리스도인이라면 말씀과 행함으로써 하나님 나라를 전하고 가르치신 복음 자체이신 예수의 분부하심을 따라 가서 모든 민족을 제자로 삼아 그 가르침의 모든 것을 지키도록 가르쳐야 할 것이다.

• 읽을 거리 •

Aland, Kurt & Aland, Barbara (Eds.). *Griechisch-Deutsches Wörterbuch zu den Schriften des Neuen Testaments und der frühchristlichen Literatur von Walter Bauer* ([6]1988). s.v. "διδάσκω, διδάσκαλος, διδαχή". Sp. 385-87.

Bauer, Walter. Revised & edited by F. W. Danker. *A Greek-English Lexicon of the New Testament and other Christian Literture* ([3]2000). s.v. "διδάσκω, διδάσκαλος, διδαχή". 240-41.

Exegetisches Wörterbuch zum Neuen Testament II(1981). s.v. "διδάσκω, διδάσκαλος, διδαχή". By H.-F. Weiß. Sp. 764-71.

Riesner, Rainer. *Jesus als Lehrer*. WUNT 2·7 Tübingen: Mohr, (1981) [3]1988.

Smith, J. B. *Greek-English Concordance to the New Testament*. Scottdale: Herald Press, 1955. 87.

Theologisches Wörterbuch zum Neuen Testament IX(Studienausgabe 1990). s.v. "διδάσκω, διδάσκαλος, διδαχή κτλ". By K. H. Rengstorf. 138-68.

A GLOSSARY OF
THE NEW TESTAMENT

신약성경
용어해설집

02

신약성경의 '감사'

εὐχαριστέω, εὐχαριστία
용어를 중심으로

마가복음 14:22-23

Καὶ ἐσθιόντων αὐτῶν λαβὼν ἄρτον εὐλογήσας ἔκλασεν καὶ ἔδωκεν αὐτοῖς καὶ εἶπεν· λάβετε, τοῦτό ἐστιν τὸ σῶμά μου. καὶ λαβὼν ποτήριον **εὐχαριστήσας** ἔδωκεν αὐτοῖς, καὶ ἔπιον ἐξ αὐτοῦ πάντες. 그들이 먹을 때에 예수께서 떡을 가지사 축복하시고 떼어 제자들에게 주시며 이르시되 받으라 이것은 내 몸이니라 하시고 또 잔을 가지사 **감사 기도** 하시고 그들에게 주시니 다 이를 마시매

고린도전서 1:4

Εὐχαριστῶ τῷ θεῷ μου πάντοτε περὶ ὑμῶν ἐπὶ τῇ χάριτι τοῦ θεοῦ τῇ δοθείσῃ ὑμῖν ἐν Χριστῷ Ἰησοῦ, 그리스도 예수 안에서 너희에게 주신 하나님의 은혜로 말미암아 내가 너희를 위하여 항상 하나님께 **감사하노니**

에베소서 5:19-20

Λαλοῦντες ἑαυτοῖς [ἐν] ψαλμοῖς καὶ ὕμνοις καὶ ᾠδαῖς πνευματικαῖς, ᾄδοντες καὶ ψάλλοντες τῇ καρδίᾳ ὑμῶν τῷ κυρίῳ, **εὐχαριστοῦντες** πάντοτε ὑπὲρ πάντων ἐν ὀνόματι τοῦ κυρίου ἡμῶν Ἰησοῦ Χριστοῦ τῷ θεῷ καὶ πατρί. 시와 찬송과 신령한 노래들로 서로 화답하며 너희의 마음으로 주께 노래하며 찬송하며 범사에 우리 주 예수 그리스도의 이름으로 항상 아버지 하나님께 **감사하며**

요한계시록 7:12

Λέγοντες· ἀμήν, ἡ εὐλογία καὶ ἡ δόξα καὶ ἡ σοφία καὶ ἡ **εὐχαριστία** καὶ ἡ τιμὴ καὶ ἡ δύναμις καὶ ἡ ἰσχὺς τῷ θεῷ ἡμῶν εἰς τοὺς αἰῶνας τῶν αἰώνων· ἀμήν. 이르되 아멘 찬송과 영광과 지혜와 **감사**와 존귀와 권능과 힘이 우리 하나님께 세세토록 있을지어다 아멘 하더라

1. 들어가는 말

그리스도인에게 고맙게 여기는 마음이나 느낌을 인사로 표현하는 '감사'(感謝)와 아름답고 훌륭함을 크게 기리고 드러내는 '찬양'(讚揚)은 그리스도인의 예배와 삶에서 하나님께서 베푸신 은혜에 대한 중요한 응답 방식 중 하나이다. 곧 감사와 찬양은 하나님께서 예수 그리스도를 통하여 베풀어 주신 은혜에 대하여 그리스도인이 갖는 하나님의 위엄을 높이며 기쁨으로 고백하며 하나님의 영광을 더하는 삶의 자세라 할 수 있을 것이다.

이 단락에서는 하나님께서 베푸신 은혜에 대한 중요한 그리스도인의 응답 방식 중에서 '감사'에 대하여 다루려고 한다. 그리스도 안에서 일어난 하나님의 구원을 경험한 그리스도인으로서 믿음으로 감사하는 삶을 살아간다고 하지만, 그 감사 안에서 하나님의 뜻을 읽어내는지, 마땅한 자세로 감사하는지에 대해서는 의문을 가질 때가 많이 있기 때문이다. 그리하여 '감사'에 대한 신약성경의 가르침을 오늘의 그리스도인에게로 옮길 수 있는 신학적·해석학적 원리는 무엇인가를 알아봄을 통하여 모든 그리스도인이 언제나 하나님께서 베푸신 은혜에 참되게 응답하는 신앙적인 삶을 살아가기를 바라는 것이다.

이러한 질문에 대답하기 위해 신약성경에서 '감사'에 대하여 가장 일반적 개념으로 사용된 동사형 '감사하다'(εὐχαριστέω)와 명사형 '감사'(εὐχαριστία) 용어를 조사하기로 한다. 먼저, '유카리스테오'와 '유카리스티아' 용어의 신약 권별 빈도(頻度)와 그 의미(2)를 살펴보고, 그 신학적 용례와 특징(3)을 조사한 다음, 이 용어의 신학적 의미의 신앙적이며 목회적 적용점(4)을 찾아보려 한다.

2. 감사하다', '감사' 용어의 신약 권별 빈도와 의미

'감사하다', '감사함을 표현하다', '(식사) 감사 기도하다'라는 의미로 사용된 동사형 '유카리스테오'(εὐχαριστέω)는 신약성경에 총 39회 등장한다. 그 중 3분의 2 정도(약 64%)는 바울서신(총 25회: 〈로마서〉와 〈고린도전서〉에서 각 6회; 〈골로새서〉와 〈데살로니가전서〉에서 각 3회; 〈에베소서〉와 〈데살로니가후서〉에서 각 2회; 〈고린도후서〉, 〈빌립보서〉, 〈빌레몬서〉에서 각 1회)에서 나타나며, 복음서와 사도행전에서 13회(마태복음 2회, 마가복음 2회, 누가복음 4회, 요한복음 3회, 사도행전 2회), 요한계시록에서 한 번 나타난다.

또 '감사함' 또는 '감사한 마음', '감사함을 말함', '(식사) 감사 기도(축사)함'이라는 의미로 사용된 명사형 '유카리스티아'(εὐχαριστία)는 동사형보다는 상대적으로 덜 빈번하게 나타나는데, 신약성경에서 총 15회 등장한다. 그 중 4분의 3(75%)은 바울서신(총 12회: 〈고린도후서〉와 〈디모데전서〉에서 각 3회; 〈골로새서〉에서 2회; 〈고린도전서〉, 〈에베소서〉, 〈빌립보서〉, 〈데살로니가전서〉에서 각 1회)에 나타나며, 그 밖에 사도행전에서 1회, 요한계시록에서 2회 등장한다. 이런 점에서 두 용어는 바울서신에서 특별한 의미를 갖는다.

이와 같이 동사형과 명사형이 주로 바울서신에서 등장하는데, 이 경우 명사형은 동사형보다 더 자주 바울서신에서 나타난다. 여기서 '감사'는 예수 그리스도로 말미암아 베풀어 주신 하나님의 은혜에 대한 그리스도인의 응답적인 기본 신앙 자세 내지는 심성이며, 또한 응답적인 신앙 행위이다.

또 복음서의 경우에는 명사형은 나타나지 않고 동사형만 나타나는데, 대부분 무리를 먹이시는 예수의 '급식' 이야기(마 16:16; 막 8:6; 요 6:11, 23)나 제자에게 베푸셨던 '마지막 만찬' 기사(마 26:27; 막 14:23; 눅 22:17, 19)에서 예수께서 하나님께 드리신 '감사 기도(축사)'의 의미로 사용되었다. 복음서에서 음식을 먹을 때에 감사 기도를 드리는 것은 셈어 전통이 반영된 것이다. 이 경우 '유카리스테오'는 '찬송하다'나 '축복하다'는 뜻으로 사용되는 '율로게오'(εὐλογέω)와 대체(代替) 가능하게, 두 단어는 교호(交互)적으로 사용되었다(마 26:26; 막 14:22; 눅 24:30).

'유카리스테오'와 '유카리스티아'는 '일반적 용례'로 사용된 누가복음 17장 16절의 동사형과 사도행전 24장 3절의 명사형을 제외하고 모두 '신학적 용례'로 사용되었다. 예컨대, 한센병을 고침 받은 한 사마리아인의 예수께 병 나음에 드린 감사나, 가이사랴에 구금되어 있던 바울을 고발한 변호사 더둘로가 유대 총독 벨릭스에게 표현한 감사는 이 용어의 일반적 용례를 보여준다.

3. '감사하다', '감사' 용어의 신학적 용례와 특징

신약성경에 표현된 '감사' 용어는 동사형이나 명사형이나 대부분 다음과 같은 신학적 용례를 보여준다.

첫째, 신약성경에서 찾을 수 있는 '감사' 용어에서 그 감사의 대상은 앞에서 언급했던 사도행전 24:3의 경우를 제외하면, '인간'이 아니라 '하나님'이다. 대부분의 '감사 기도'는 오직 하나님께만 드려진다. 아주 드물게, '감사 기도'의 경우 '하나님' 대신 '예수 그리스도'가 대상이 되기도 하는데 이 경우는 예수 그리스도가 감사 기도를 받는 분이 아니라 그 중보자가 되신다. 예컨대, 바울은 로마 교회에 편지하면서 로마 성도들의 믿음이 온 세상에 전파된 것에 대하여 직접 예수 그리스도께 감사드리는 것이 아니라 그로 말미암아 하나님께 감사드린다(롬 1:8).

대부분 감사의 대상이 은혜를 베푸신 하나님이시기는 하지만 아주 드물게 공적(公的)인 감사 기도가 아니라 사적(私的)인 감사 기도의 경우에 '주'로 표현되어 예수 그리스도께 감사 기도가 드려지기도 하였다. 바울은 자신에게 있는 "육체의 가시", 곧 "사탄의 사자"가 자신에게서 떠나가도록 주(그리스도)께 세 번 간구하였다(고후 12:8). 그러나 대부분의 경우 감사의 대상은 은혜를 베푸신 하나님이시다.

둘째, 신약성경에서 '감사' 용어는 주로 바울서신의 '서문'(proem)과 '권고'(parenesis)에서 사용되었다. 이 경우 감사의 신학적 근거는 '예수 그리스도로 말미암아 구원을 베푸신 하나님의 은혜'에서 찾을 수 있다. 헬라의 서신 양식에서 '서문'(proem)은 '발신자'-진술(superscriptio), '수신자'-진술(adscriptio), '문안 인사'(salutatio)로 구성된 '서두'(prescript)와 다르게 '서두' 다음에 발신자의 수신자에 대한 감사나 관심을 서술하는 편지의 구성 요소이다.

바울은 헬라의 서신 요소인 '서문'을 사용하여 자신이 보낸 편지의 수신자들에게 감사를 표한다. 그것은 대개 그리스도 예수 안에서 교회에 베풀어진 '하나님의 은혜'(고전 1:4), 교회의 '믿음'(롬 1:8), '믿음과 사랑'(살후 1:3) 등에서 그러하다. 서신의 도입부에서가 아니라고 하더라도, 바울은 수신자인 교회가 하나님의 말씀을 받거나(살전 2:13), 선택 받음(살후 2:13) 등에 대하여 감사한다. 때로 바울은 '믿음의 역사'(살전 1:2 이하), '복음에 참여함'(빌 1:3 이하), '믿음과 사랑'(몬 4 이하; 골 1:3 이하; 엡 1:15 이하)에도 감사한다. 심지어 바울은 신학적 논쟁을 하다가도 하나님께 감사한다(고전 1:14; 14:18).

이 모든 감사의 토대는 '하나님의 은혜'에 의하여 '예수 그리스도를 믿음'으로 말미암아 받은 '하나님의 구원'이다(엡 2:8). 바울이 자신의 서신에서 수신자인 특정 교회에 감사하는 중요한 이유는 대개 권면하기 위해서이다. 다시 말하면, 감사는 구원 받은 자에게 요구되는 권면적 의무이기도 하다(고후 1:11; 엡 5:20; 빌 4:6; 골 1:12, 2:7, 3:17, 4:2; 살전 5:18). 그 권면 중에 '감사하라'는 권면도 있다. 바울의 경우 감사가 예배에서 드려지는 기도로도 나타난다(고전 14:17; 딤전 2:1). 때로 감사는 '찬송'으로 표현되기도 한다. 그것은 요한계시록에서 찾아볼 수 있는데, 하나님의 보좌 주위에 있는 네 생물이 드리는 영광송(계 4:9)이나 24장로들이 하나님 앞에 엎드려 드리는 영광송에서 감사가 나타난다(계 7:12).

셋째, 신약성경에서 '감사' 용어는 유대인의 식사 감사 기도 관습처럼 기독교 공동체 안에서 함께 먹는 공동 식사와 관련하여 등장한다. 이는 예수 그리스도에 의해 베풀어진 '오천 명 급식'(막 6:41과 평행절)이나 '사천 명 급식'(막 8:6과 평행절) 기사나, 공생애 말기에 제자들에게 베푸신 예수의 '마지막 만찬'(막 14:22-23과 평행절)의 '축사'에서 유래되었다. 바울은 식사 전에 '식사 축복 기도'를 드렸으며(행 27:35),

하나님께서 지으신 모든 것이 선함으로 감사함으로 먹으면 버릴 것이 없음을 말하였다(딤전 4:3-4).

이와 같이 신약성경에서 신앙 공동체 안에서 행해지는 공동 식사는 그것이 애찬이든 성찬이든 '감사'와 관련되어 있다. 그러나 물론 신약의 '성찬' 본문에 '감사(축사)'에 대한 용어가 나타나지만, '유카리스트'가 아직 '성찬' 또는 '주님의 만찬'의 전문용어(technicus terminus)로 정형화되어 사용되지는 않는다. '유카리스트'가 '성찬'을 가리키는 교회의 전문용어로서 사용된 것은 속사도 교부에 이르러서이다(이그나티우스의 에베소서 13:1; 빌라델비아서 4; 서머나서 8:1 등).

4. 신앙적·목회적 적용

신약성경에서 '감사'는 예수 그리스도로 말미암아 하나님께서 베푸신 은혜에 대한 신앙 응답적 자세나 표현이다. 이를 요약하여 그 신학적이며 목회적 적용점을 다음과 같이 모색해 볼 수 있다.

첫째, 신약성경의 경우 감사의 대상은 죄인의 구원을 위해 예수 그리스도를 보내시고 모든 피조물을 선하게 지으신 하나님이시다.

둘째, 감사는 예배에서 예수 그리스도 안에 일어난 하나님의 구원을 경험한 신자가 찬양과 함께 드려야 하는 신앙적 응답 기도이며, 기도하는 자세(빌 4:6)이다.

셋째, 감사는 하나님의 구원을 베푸신 예수 그리스도를 반복적으로 기억하는 예식인 성찬의 거룩한 식탁에서 행해지는 축사이다.

넷째, 감사는 하나님이 베푸신 모든 은혜, 특히 식사에 대한 그리스도인의 신앙적인 응답이다.

다섯째, 감사는 그리스도인의 일상적인 삶에서 모든 일에 마땅히 행해야 하는 권면의 내용이다(살전 5:17).

이와 같이 신약성경에서 감사는 예수 그리스도 안에 행하신 창조주 하나님의 구원을 경험한 그리스도인이 하나님의 은혜에 대해 갖는 기억이며 신앙적 응답이고 신앙생활의 자세이다. 그리스도인이 하나님의 은혜에 대하여 갖는 감사의 기억은 그리스도인으로 하여금 의롭고 새로운 삶을 살게 하는 능력이 될 것이다.

• 읽을 거리 •

Aland, Kurt & Aland, Barbara (Eds.). *Griechisch-Deutsches Wörterbuch zu den Schriften des Neuen Testaments und der frühchristlichen Literatur von Walter Bauer* ([6]1988). s.v. "εὐχαριστέω, εὐχαριστία". Sp. 663-64.

Bauer, Walter. Revised & Edited by F. W. Danker. *A Greek-English Lexicon of the New Testament and other Christian Literture* ([3]2000). s.v. "εὐχαριστέω, εὐχαριστία". 415-16.

Exegetisches Wörterbuch zum Neuen Testament II(1981). s.v. "εὐχαριστέω, εὐχαριστία". By H. Patsch. Sp. 219-222.

Smith, J. B. *Greek-English Concordance to the New Testament*. Scottdale: Herald Press, 1955. 159.

Theologisches Wörterbuch zum Neuen Testament IX(Studienausgabe 1990). s.v. "χαίρω, χαρά, συγχαίρω, χάρις, χαρίζομαι, χαριτόω, ἀχάριστος, χάρισμα, εὐχαριστέω, εὐχαριστία, εὐχάριστος". By H. Conzelmann. 397-404.

A GLOSSARY OF
THE NEW TESTAMENT
신약성경
용어해설집

03

신약성경의 '거룩'

ἅγιος

어군(語群) 용어를 중심으로

요한복음 6:69

Καὶ ἡμεῖς πεπιστεύκαμεν καὶ ἐγνώκαμεν ὅτι σὺ εἶ ὁ **ἅγιος** τοῦ θεοῦ. 우리가 주는 하나님의 **거룩하신 자**이신 줄 믿고 알았사옵나이다

로마서 12:1

Παρακαλῶ οὖν ὑμᾶς, ἀδελφοί, διὰ τῶν οἰκτιρμῶν τοῦ θεοῦ παραστῆσαι τὰ σώματα ὑμῶν θυσίαν ζῶσαν **ἁγίαν** εὐάρεστον τῷ θεῷ, τὴν λογικὴν λατρείαν ὑμῶν· 그러므로 형제들아 내가 하나님의 모든 자비하심으로 너희를 권하노니 너희 몸을 하나님이 기뻐하시는 **거룩한** 산 제물로 드리라 이는 너희가 드릴 영적 예배니라

고린도전서 3:16-17

Οὐκ οἴδατε ὅτι ναὸς θεοῦ ἐστε καὶ τὸ πνεῦμα τοῦ θεοῦ οἰκεῖ ἐν ὑμῖν; εἴ τις τὸν ναὸν τοῦ θεοῦ φθείρει, φθερεῖ τοῦτον ὁ θεός· ὁ γὰρ ναὸς τοῦ θεοῦ **ἅγιός** ἐστιν, οἵτινές ἐστε ὑμεῖς. 너희는 너희가 하나님의 성전인 것과 하나님의 성령이 너희 안에 계시는 것을 알지 못하느냐 누구든지 하나님의 성전을 더럽히면 하나님이 그 사람을 멸하시리라 하나님의 성전은 **거룩하니** 너희도 그러하니라

요한계시록 4:8

Καὶ τὰ τέσσαρα ζῷα, ἓν καθ' ἓν αὐτῶν ἔχων ἀνὰ πτέρυγας ἕξ, κυκλόθεν καὶ ἔσωθεν γέμουσιν ὀφθαλμῶν, καὶ ἀνάπαυσιν οὐκ ἔχουσιν ἡμέρας καὶ νυκτὸς λέγοντες· **ἅγιος ἅγιος ἅγιος** κύριος ὁ θεὸς ὁ παντοκράτωρ, ὁ ἦν καὶ ὁ ὢν καὶ ὁ ἐρχόμενος. 네 생물은 각각 여섯 날개를 가졌고 그 안과 주위에는 눈들이 가득하더라 그들이 밤낮 쉬지 않고 이르기를 **거룩하다 거룩하다 거룩하다** 주 하나님 곧 전능하신 이여 전에도 계셨고 이제도 계시고 장차 오실 이시라 하고

1. 들어가는 말

우리말에서 뜻이 매우 높고 위대한의 의미를 갖는 '거룩'은 신구약 성경의 주요 주제일 뿐 아니라 그리스도인의 신앙과 삶에 있어서 중심 개념이기도 하다. "너는 이스라엘 자손의 온 회중에게 말하여 이르라 너희는 거룩하라 이는 나 여호와 너희 하나님이 거룩함이니라"(레 19:2)에서 보듯이 거룩하신 하나님에 의해 선택된 하나님의 백성은 모든 삶에서 그의 거룩하심을 반영하며 살아야 한다. 그렇기에 신약성경에서 '거룩'에 해당하는 용어를 살펴보는 일이 불가피하다.

신약성경에서 '거룩'을 의미하는 용어는 '하기오스'(ἅγιος)-어군(語群) 용어 외에 '히에로스'(ἱερός)나 '호시오스'(ὅσιος) 용어도 나타난다. 그러나 '히에로스'나 '호시오스'는 '하기오스'에 비해 상대적으로 자주 등장하지 않고 그 용례도 지엽적이어서, 신약성경에서 '거룩'을 조사하려면 '하기오스'-어군 용어의 의미와 용례를 해명해야 한다.

우선, 이 용어들의 신약 각 권별 빈도(頻度)와 의미(2)를 살펴보고, 이 용어의 신학적 용례(用例)와 특징(3)을 살펴보고, 그런 다음 해명된 신약성경에 나타나는 '거룩'의 신학적 의미를 믿음과 삶에, 또 목회적으로 적용할 수 있는 적용점(4)을 찾고자 한다.

2. '하기오스' -어군 용어와 신약 권별 빈도

신약성경에서 형용사형인 '하기오스'에 속하는 용어로는 동사형인 '하기아제인'(ἁγιάζειν), 명사형인 '하기아스모스'(ἁγιασμός), '하기오테스'(ἁγιότης), '하기오쉬네'(ἁγιωσύνη)를 들 수 있다.

동사형 '하기아제인'은 신약성경에서 능동형으로 11회, 수동형으로 17회 등장하는데, 이는 성결하게 하시는 주체로서 하나님과 그 분께 순종하는 그리스도인의 응답이나 그 분과 함께 동행하는 삶을 표현한다(마 6:9; 살전 5:23 등).

명사형 '하기아스모스'는 총 10회 등장하는데, 주로 권면에서 그리스도인의 새로운 삶이 지향해야 하는 포괄적 목표를 나타낸다(롬 6:19; 살전 4:7 등). 또 다른 명사형인 히브리서(12:10)에서 나타나는 '하기오테스'는 신약성경에서 오직 한 번 사용되는 용어(hapaxlegomenon)로 그리스도인의 행실을 가리킨다.

또 바울서신에서만 세 번 나타나는 '하기오쉬네'는 신자들이 추구해야 하는 삶의 온전한 거룩함을 표현하거나(고후 7:1; 살전 3:13), 드물게 '거룩한 영'을 표현할 때 '하기오스' 대신 사용되었다(롬 1:4).

신약성경의 각 책에서 대부분 등장하는 '거룩'에 해당하는 대표적인 용어인 '하기오스'는 신약 전체에서 총 229회 나타나는데, 그 중 2/3 이상이 누가의 글(총 73회; 누가복음 19회, 사도행전 54회)과 바울서신(총 78회, 로마서 20회, 고린도서 21회, 에베소서 15회, 빌립보 3회, 골로새서 6회, 데살로니가서 7회, 목회서신 4회, 빌레몬 1회)에 등장하며, 갈라디아서, 야고보서, 요한이서와 삼서를 제외하고는 복음서(총 42회; 마태 11회, 마가 7회, 누가 19회, 요한 5회)와 공동서신(총 20회; 베드로서 14회, 요한일서 2회, 유다서 4회), 요한계시록(27회) 등 신약 각 권에서 골고루 나타난다.

'하기오스'는 바울서신에서 집중적으로 나타나며(롬 75회; 갈 32회; 고전 9회; 빌 3회; 딤전 2회; 엡 1회), 복음서에서 32회(마 8회; 눅 9

회; 요 15회), 사도행전에서 19회, 히브리서에서 14회, 야고보서에서 10회 나타나는데 반해, 야고보서를 제외한 공동서신과 마가복음 및 요한계시록 등에서는 단 한 번도 등장하지 않는다. 이 용어는 구약의 '카도쉬'(קדש)-어군의 용어와 유사하게 창조주 하나님의 속성이나 또는 하나님의 것으로 구별된 피조물을 묘사하기도 한다.

3. '하기오스' 용어의 신학적 용례와 특징

위에서 살펴본 것처럼 신약성경에서 '하기오스' 용어는 구약과 마찬가지로 하나님의 속성을 나타낸다. 게다가 이 용어는 새로운 하나님의 백성인 '교회'와 그 구성원인 그리스도인의 삶을 규정하는 용례로 사용되었다. 이를 요약적으로 서술하면 다음과 같다.

첫째, '하기오스'는 구약(사 6:3)의 카도쉬처럼 하나님의 본성, 곧 하나님의 거룩하심을 나타낸다. 특히 요한계시록에서 구약의 '만군의 여호와'(Yahwah Sabboth)에 해당하는 '전능한 자'(παντοκράτωρ, 계 1:8; 4:8)이신 하나님은 '거룩하고 참되신 대주재'(계 6:10)시다. 물론 신약성경에서 하나님 아버지의 거룩하심이 거의 언급되어 있지 않은 것은 그것이 신약성경에 이미 전제되어 있기 때문이다.

둘째, 이 용어가 예수 그리스도를 직접 묘사하는 부분에서는 자주 나타나지는 않지만(막 1:24; 눅 1:35; 요 6:69; 행 3:14; 계 3:17 등), 예수의 신성을 묘사하는 곳에서 사용되었다. 곧 예수 그리스도는 '성령의 담지자'로서 거룩하시며(눅 4:34), '하나님의 거룩하신 자'(요 6:69)이시고, '하나님께서 기름 부으신 거룩한 종'(행 4:27, 30; 벧전 1:18-19)이시다.

셋째, 하나님 아버지와 예수 그리스도께서 거룩하신 것처럼, 성령도 역시 거룩하시며, 이때 성령의 거룩하심은 그리스도의 거룩성과 밀접하게 결속되어 있다. 마태뿐 아니라 누가의 경우 예수 그리스도는 성령으로 잉태되었으며(마 1:18, 20; 눅 1:35), 세례 받으실 때 성령이 비둘기 같은 형체로 임하셨다(눅 3:22). 홍수 후 노아의 비둘기가 새 시대의 여명을 알렸듯이(창 8:8-12), 비둘기 같은 성령은 세례 받은 예수 그리스도에 의한 '새 시대'의 여명, 곧 '새 창조'를 알린다(벧전 3:19-22). 바울의 경우 '거룩'은 '성전'(고전 3:16-17), '희생 제의'(엡 5:2), '예전'(롬 15:16) 등의 개념에서 제의적이며 동시에 영적으로 해석된다.

넷째, 신약성경은 삼위일체 하나님의 거룩하심뿐 아니라 예수를 믿음으로 말미암아 하나님께 속한 사람으로 구성된 교회의 거룩함을 언급한다. 거룩한 종 그리스도는 새로운 성소의 중심이며, 그 성소에서 자신이 영원한 대제사장이신 동시에 희생 제물이 되신다(히브리서 참조). 교회는 거룩한 무리이며(고전 14:33), 거룩하게 부름 받은 사람들이다(롬 1:6; 고전 1:24 등). 요한계시록의 경우 세상에서 죄와 '투쟁하는 교회'(ecclesia militans)는 성도들이 하나님의 거룩하심에 참여하는 '승리하는 교회'(ecclesia triumphans)이기도 하다(계 5:6-14 등)

다섯째, '하기오스'는 그리스도인의 '거룩한 삶'을 묘사하기도 한다. 교회는 '거룩한 성전'이기에, 그리스도인은 성도이며, 그의 삶은 '거룩한 산 제물'로 드려지는 삶이다(롬 12:1; 15:16). 그러므로 신약의 거룩성은 제의적 정결과 함께 도덕적 거룩성을 배제하지 않는다.

이와 같이 신약성경에서 '하기오스' 어군은 삼위일체 되신 하나님의 거룩한 속성을 묘사할 뿐 아니라, 예수 그리스도를 믿음으로 말미암아 하나님의 자녀가 된 그리스도인과 이로 구성된 교회의 거룩한 속성과 새로운 삶인 거룩한 삶을 나타내는 용어들이다.

4. 신앙적·목회적 적용

'하기오스-어군 용어의 신학적 용례와 그 특징을 그리스도인의 삶과 사역에 접목시켜 다음과 같이 그 적용점을 나타낼 수 있다.

첫째, "내가 거룩하니 너희도 거룩할지어다"는 구약 율법서의 말씀(레 11:45)처럼, 신약성경에 나타나는 삼위일체 하나님께서 거룩하시기 때문에, 예수 그리스도를 믿는 성도와 교회는 거룩해야 한다.

둘째, 예수 그리스도로 말미암아 하나님의 새로운 백성 된 자들은 새로운 피조물(고후 5:17)로서 속성이 변화되어야 할 뿐 아니라 거룩한 삶을 살아야 한다.

셋째, 이러한 그리스도인의 거룩한 삶은 제의적 영역에서뿐 아니라 도덕적 영역에서도 일어나야 한다. 그러므로 예전적 정결뿐 아니라 도덕적 거룩함이 그리스도인에게 요구된다.

예수 그리스도의 이름으로 세례 받은 그리스도인은 모든 행실에서 거룩함으로 거룩하신 하나님께 속하여 있음을 드러내야 한다. 곧 새 시대에 역사하는 성령 안에서 육체의 더러운 것을 제거하여 버리고 하나님을 향하여 거룩한 삶을 영위해야 한다(벧전 3:20-21). 이는 오늘날 한국 교회가 귀 기울여 들어야 할 시의적절한 말씀이다.

• 읽을 거리 •

Bauer, Walter. *Wörterbuch zum Neuen Testament*. 6th. (Eds.) Kurt & Barbara Aland. Berlin WdeG, 1988. s.v. "ἅγιος". By Sp. 16-17.

Exegetisches Wörterbuch zum Neuen Testament I (1980). s.v. "ἅγιος κτλ.". By H. Balz. Sp. 38-48.

Smith, J. B. *Greek-English Concordance to the New Testament*. Scottdale: Herald Press, 1955. 3.

Theologisches Wörterbuch zum Neuen Testament I (Studienausgabe 1990). s.v. "ἅγιος κτλ.". By O. Procksch. 87-116.

Theologisches Wörterbuch zum Alten Testament VI (1989). s.v. "קדש". By W. Kornfeld & H. Ringgren. Sp. 1179-1204.

Aland, Kurt & Aland, Barbara (Eds.). *Griechisch-deutsches Wörterbuch zu den Schriften des Neuen Testaments und der frühchristlichen Literatur von Walter Bauer* ([6]1988). s.v. "ἅγιος κτλ.". Sp. 16-18.

A GLOSSARY OF
THE NEW TESTAMENT

신약성경
용어해설집

04

신약성경의 '경건'

εὐσέβεια

어군(語群) 용어를 중심으로

사도행전 17:23

Διερχόμενος γὰρ καὶ ἀναθεωρῶν τὰ σεβάσματα ὑμῶν εὗρον καὶ βωμὸν ἐν ᾧ ἐπεγέγραπτο· Ἀγνώστῳ θεῷ. ὃ οὖν ἀγνοοῦντες **εὐσεβεῖτε**, τοῦτο ἐγὼ καταγγέλλω ὑμῖν. 내가 두루 다니며 너희가 위하는 것들을 보다가 알지 못하는 신에게라고 새긴 단도 보았으니 그런즉 너희가 알지 못하고 **위하는** 그것을 내가 너희에게 알게 하리라

디모데전서 3:16

Καὶ ὁμολογουμένως μέγα ἐστὶν τὸ τῆς **εὐσεβείας** μυστήριον· ὃς ἐφανερώθη ἐν σαρκί, ἐδικαιώθη ἐν πνεύματι, ὤφθη ἀγγέλοις, ἐκηρύχθη ἐν ἔθνεσιν, ἐπιστεύθη ἐν κόσμῳ, ἀνελήμφθη ἐν δόξῃ. 크도다 **경건**의 비밀이여, 그렇지 않다 하는 이 없도다 그는 육신으로 나타난 바 되시고 영으로 의롭다 하심을 받으시고 천사들에게 보이시고 만국에서 전파되시고 세상에서 믿은 바 되시고 영광 가운데서 올려지셨느니라

디모데후서 3:5

Ἔχοντες μόρφωσιν **εὐσεβείας** τὴν δὲ δύναμιν αὐτῆς ἠρνημένοι· καὶ τούτους ἀποτρέπου. 경건의 모양은 있으나 경건의 능력은 부인하니 이같은 자들에게서 네가 돌아서라

베드로후서 3:11

Τούτων οὕτως πάντων λυομένων ποταποὺς δεῖ ὑπάρχειν [ὑμᾶς] ἐν ἁγίαις ἀναστροφαῖς καὶ **εὐσεβείαις**, 이 모든 것이 이렇게 풀어지리니 너희가 어떠한 사람이 되어야 마땅하냐 거룩한 행실과 **경건함**으로

1. 들어가는 말

그리스도인이라면 누구나 경건한 사람이 되고 싶어 한다. '경건'(敬虔)은 '공경하며 삼가고 엄숙함'의 뜻을 갖고 있는데, 어떤 사람이 경건한 사람인가? 흔히 '경건'은 하나님을 사랑하는 마음과 경외하는 마음이 합쳐진것으로 수직적 영성, 곧 예배와 기도, 찬양과 감사처럼 하나님을 섬기는 행위와 관련해서 이해된다. 물론 수직적 의미의 경건은 경건에서 중요한 요소임에는 틀림이 없다. 그러나 경건은 그것만으로는 온전하게 정의(定義)될 수 없다. 경건에는 수직적인 면뿐만이 아니라 수평적인 면, 곧 그리스도인의 삶과 관련된 요소도 있기 때문이다. 만일 그리스도인이 하나님의 뜻에 합당하게 살아가지 못한다면 진정 하나님을 안다고 말할 수 없고 그런 사람을 경건한 사람이라고 할 수 없다는 것이다.

오늘날 한국 교회의 대(對)사회 신인도(信認度)가 떨어지는 중요한 이유 중 하나는 경건한 믿음의 부족이나 부재(不在)가 아니라 문제시 되는 불경건한 삶이다. 이런 점에서 성경이 요구하는 '경건'이 무엇인지, 신약성경이 요구하는 '경건'이 어떤 의미를 지니고 있는지를 해명하는 것은 대단히 중요하다. '경건'에 대한 신약성경의 가르침을 찾고, 그것을 오늘날의 교회로 옮길 수 있는 신학적인 방향 설정점을 제시하는 것이 절실하게 요구되는 과제이다.

이를 위해 신약성경에 나타나는 '경건'(εὐσέβεια) 용어의 책별 빈도와 의미(2)를 살펴보고, 그 신학적 용례와 특성(3)을 조사한 다음, 그 신학적 의미에 대한 신앙적·목회적 적용점(4)을 모색하고자 한다.

2. '경건' 용어의 신약 권별 빈도와 그 의미

신약성경에서 '경건'(εὐσέβεια) 용어는 모두 15회 등장한다. 사도행전에서 한 번 사용된 것(3:12)을 제외하면, 이 명사는 오직 목회서신(10회)과 베드로후서(4회)에서만 나타난다. 동사 형태인 '유세베인'(εὐσέβειν)은 사도행전(17:23)과 디모데전서(5:4)에서 한 번씩 나타나고, 형용사 형태인 '유세베스'(εὐσέβης)는 사도행전에서 세 번(10:2, 7; 22:12), 베드로후서에서 한 번(2:9) 등장하며, 부사형인 '유세보스'(εὐσέβῶς)는 목회서신에서만 두 번 사용되었다(딤후 3:12; 딛 2:12).

이와 같이 '경건'(εὐσέβεια)과 관련된 용어는 신약성경에서 사도행전, 목회서신, 베드로후서에서만 발견되었다. 곧 신약성경에서 이 어군에 속한 용어들은 모두 주후 1세기 말 저술된 신약의 후기 문헌에서만 나타난다.

그리스 세계에서 이 용어는 부모나 죽은 자, 국가나 법 등에 대하여 경외하는 제반 행동에 대하여 표현하는 경우에 사용되었는데, 사도행전에서는 이와 같은 그리스 세계의 비(非) 신학적 용례를 보여 준다. 신약의 후기 문헌에서 나타나는 '경건'(εὐσέβεια) 용어는 대부분 신(神)이나 신성(神性)과 관련되어 사용되었는데, '잘'(εὐ)이라는 뜻의 접두어와, '공경하다'나 '섬기다'를 의미하는 동사 세베스타이(σέβεσθαι)에서 유래된 명사형의 합성어다. 때로는 '경건'-어군(語群)과 대립되는 의미를 지닌 반대어로, 반대를 뜻하는 접두어 '아'(ἀ-)를 붙여 '경건하지 않음'(ἀσέβεια), '경건하지 않다'(ἀσέβειν), '경건하지 아니한'(ἀσεβής)의 형태로 사용되기도 하였다.

3. '경건' 용어의 신학적 용례와 특징

목회서신에서 '경건'은 일반적인 사회의 질서 규정에 대한 긍정적 태도가 아니라 기독교 신앙과 삶에 대한 태도나 행실을 가리키는 용어다. 원래 헬라 세계에서 통용되던 이 용어가 기독론적 근거 안에 수용되었다. 곧 예수 그리스도는 '경건의 비밀'(딤전 3:16)이다. 이는 '진리의 지식'(딛 1:1)과 '건전한 교훈'(딤전 6:3)과 밀접하게 관련되어 나타난다. 예수 그리스도 안에서 경건하게 살고자 하는 사람은 단순히 세상 질서에 순응하는 고요한 시민적인 삶이 아니라 때로는 세상에서 박해를 받을 수도 있는 삶(딤후 3:12)을 살아야 한다.

그러므로 목회서신에 나타나는 '경건' 용어에는 종교적 요소와 함께 윤리적 요소도 함께 내포되어 있다. 이는 결코 유대교에서처럼 율법으로써 규정되거나, 헬라 세계에서처럼 이상(理想)적인 덕목(德目)도 아니다. 그것은 그리스도 사건을 경험한 기독교인이 '일상적인 삶 안에서 드리는 예배'이다. 곧 경건은 세상 질서뿐 아니라 예수 그리스도 안에 주어진 새로운 구원 질서에 부합된 삶의 태도이며, 그런 자세로써 하나님을 기쁘시게 하는 행실을 의미한다.

베드로후서에서도 목회서신처럼 '경건' 용어는 신학적으로 사용되었다. 인간의 수평적인 삶과 수직적인 삶을 포괄하는 경건은 베드로후서에서는 목회서신보다 더 행위적으로 특화되었다. 그것은 베드로후서 배후에 있는 거짓 교사들이 목회서신에서 내세웠던 거짓 교사들의 금욕주의와 달리 자유방종주의를 표방하였기 때문이다. 그러므로 베드로후서에서 '경건'은 경건하지 않은 행위나 불법적인 행실과 대립

된 반의어(反意語)이다. 곧 '경건'은 구체적인 '자비'나 '선행'으로 나타난다. 이는 그리스도인에게 요구된 '거룩한 행실과 경건함'(벧후 3:11)에서 경건이 복수(複數) 형태(εὐσέβειαι)로 사용되어 세부적인 개별 행동을 모두 포함하는 총칭어라는데서 분명하게 알 수 있다.

이와 같이 베드로후서에서 경건의 행위는 마지막 심판 때 구원에서 분명히 어떤 역할을 한다. 그렇기는 하지만, 경건 행위가 믿음과 함께 구원의 두 번째 요소로 작용하는 '신인(神人) 협력설'(synergism)의 의미에서가 아니라, 믿음 안에 통합되어야 하는 믿음의 열매라는 의미에서 요구되었다(벧후 1:9; 2:2 참조).

4. 신앙적·목회적 적용

위에서 밝힌 대로 신약성경에서 '경건' 용어는 비(非) 신학적 용례로 사용된 사도행전을 제외하고는 모두 '믿음에서 난 행함'이 절실하게 요구되었던 주후 1세기 말 교회 상황에서 저술된 신약의 후기 문헌인 목회서신과 베드로후서에서 나타난다. 그리스 세계에서 차용(借用)된 '경건'(εὐσέβεια) 용어는 기독교 세계 안에서 새롭게 규정되었다.

곧 신약성경에서 '경건'은 예수 그리스도 안에서 일어난 하나님의 구원 행동에 부합되게 하나님을 기쁘시게 하는 책임 있는 그리스도인의 행동과 삶을 표현하는 포괄적인 용어로 나타난다. 경건은 하나님께 속해 있음에 의해 각인(刻印)된 삶의 자세로 하나님에 대한 공경과 섬김뿐 아니라 이웃과 주변 세상에 대하여 예수 그리스도를 믿음으로 말미암아 받은 구원의 선물에 부합되게 사는 신앙적 삶의 태도와 행실이다. 다시 말하면, 경건은 수직적 영성뿐 아니라 수평적 삶의 자세와 행실을 내포한다. 그것이 성경적 경건이다.

그러므로 경건을 지나치게 좁게 수직적인 영성으로 이해하거나, 이를 배제한 채 일방적으로 행위에 초점을 맞추어 수평적인 영성으로 이해하는 것은 신약성경의 가르침과는 거리가 멀다. 올바른 신앙과 거룩한 삶이 함께 균형 있게 있어야 성경적 경건에 부합된다.

이제 하나님을 사랑하고 하나님을 경외하는 태도로 살아가는 하나님의 사람이라면 의와 경건과 믿음과 사랑과 인내와 온유를 따르며 하나님을 기쁘시게 하는 품행과 행실로, 곧 올바른 신앙과 거룩한 삶이 함께 균형 잡힌 성경적 경건에 부합함으로써 모든 사람을 향한 하나님의 보편적인 뜻을 누리며 살아가야 한다.

• 읽을 거리 •

장흥길. "신약성경에 나타난 '경건'(εὐσέβεια)". 『장신논단』 제17집 (2001): 30-47.

Aland, Kurt & Aland, Barbara(Eds.). *Griechisch-deutsches Wörterbuch zu den Schriften des Neuen Testaments und der frühchristlichen Literatur von Walter Bauer* (^{6}1988). s.v. "εὐσέβεια". Sp. 659-60.

Bauer, Walter. Revised & edited by F. W. Danker. *A Greek-English Lexicon of the New Testament and other Christian Literture* (^{3}2000). s.v. "εὐσέβεια". 412-13.

Exegetisches Wörterbuch zum Neuen Testament II(1981). s.v. "εὐσέβεια". By P. Fiedler. Sp. 212-14.

Exegetisches Wörterbuch zum Neuen Testament III (1983). s.v. "σέβομαι". By H. G. Schneider. Sp. 562-63.

Foerster, W. "Eusebeia in den Pastoralbriefen". *New Testament Studies* 5 (1959): 213-18.

Smith, J. B. *Greek-English Concordance to the New Testament*. Scottdale: Herald Press, 1955. 159.

Theologisches Wörterbuch zum Neuen Testament VII (Studienausgabe 1990). s.v. "εὐσέβεια". By W. Foerster. 181-83.

Weiser, A. "Die gesellschaftliche Verantwortung der Christen nach den Pastoralbriefen". *Beiträge zur Friedensethik* 18 (Stuttgart: Kohlhammer, 1994).

A GLOSSARY OF
THE NEW TESTAMENT

신약성경
용어해설집

05

신약성경의 '교회'

ἐκκλησία

용어를 중심으로

마태복음 16:18

Κἀγὼ δέ σοι λέγω ὅτι σὺ εἶ Πέτρος, καὶ ἐπὶ ταύτῃ τῇ πέτρᾳ οἰκοδομήσω μου τὴν **ἐκκλησίαν** καὶ πύλαι ᾅδου οὐ κατισχύσουσιν αὐτῆς. 또 내가 네게 이르노니 너는 베드로라 내가 이 반석 위에 내 **교회**를 세우리니 음부의 권세가 이기지 못하리라

에베소서 1:22-23

Καὶ πάντα ὑπέταξεν ὑπὸ τοὺς πόδας αὐτοῦ καὶ αὐτὸν ἔδωκεν κεφαλὴν ὑπὲρ πάντα τῇ **ἐκκλησίᾳ**, ἥτις ἐστὶν τὸ σῶμα αὐτοῦ, τὸ πλήρωμα τοῦ τὰ πάντα ἐν πᾶσιν πληρουμένου. 또 만물을 그의 발 아래에 복종하게 하시고 그를 만물 위에 **교회**의 머리로 삼으셨느니라 **교회**는 그의 몸이니 만물 안에서 만물을 충만하게 하시는 이의 충만함이니라

디모데전서 3:15

Ἐὰν δὲ βραδύνω, ἵνα εἰδῇς πῶς δεῖ ἐν οἴκῳ θεοῦ ἀναστρέφεσθαι, ἥτις ἐστὶν **ἐκκλησία** θεοῦ ζῶντος, στῦλος καὶ ἑδραίωμα τῆς ἀληθείας. 만일 내가 지체하면 너로 하여금 하나님의 집에서 어떻게 행하여야 할지를 알게 하려 함이니 이 집은 살아 계신 하나님의 **교회**요 진리의 기둥과 터니라

히브리서 12:22-23

Ἀλλὰ προσεληλύθατε Σιὼν ὄρει καὶ πόλει θεοῦ ζῶντος, Ἰερουσαλὴμ ἐπουρανίῳ, καὶ μυριάσιν ἀγγέλων, πανηγύρει καὶ **ἐκκλησίᾳ** πρωτοτόκων ἀπογεγραμμένων ἐν οὐρανοῖς καὶ κριτῇ θεῷ πάντων καὶ πνεύμασι δικαίων τετελειωμένων 그러나 너희가 이른 곳은 시온 산과 살아 계신 하나님의 도성인 하늘의 예루살렘과 천만 천사와 하늘에 기록된 장자들의 모임과 **교회**와 만민의 심판자이신 하나님과 및 온전하게 된 의인의 영들과 하나님과 및 온전하게 된 의인의 영들과

1. 들어가는 말

교회는 예수께서 전하신 복음의 핵심인 하나님 나라를 섬기기 위해 이 세상에 존재한다. 곧 교회는 예수 그리스도 안에서 종말론적인 하나님의 구원을 세상에 전하며, 세상 안에서 예수 그리스도께서 언급하신 사랑의 이중 계명을 실천해야 한다. 그렇기에 교회는 어느 시대에나 하나님의 말씀이 살아서 결정적인 삶의 근거가 되도록 하고 그 시대를 극복하며 변화시켜야 하는 책임을 갖는다. 교회가 제 역할을 감당하지 못할 때 교회와 사회, 민족과 국가가 항상 위기에 처했고, 방향 감각을 상실한 교회의 선포는 시대를 변화시키지 못했다.

오늘의 교회가 시대를 변화시키는 책임을 다하지 못하고 오히려 개혁의 대상이 되어 있음을 반성하면서 말씀이 육신이 되어 세상에 오신 예수 그리스도의 몸 된 교회로 거듭나서 진정한 교회 됨을 회복하기 위해서 종말론적인 하나님의 구원을 올바르게 보여주는가, 이미 경험한 보편적이고도 자비로운 하나님의 사랑을 이웃에 대한 섬김에서 충분하게 실천하는가를 다시금 물어야 한다.

이러한 질문에 대하여 해명하고 교회에 대한 더 깊은 본질적인 의미를 파악하기 위해서 신약성경에서 교회를 지칭하는 '에클레시아' 용어의 권별 빈도(頻度)와 의미(2)를 살펴보고, 이 용어의 신학적 용례와 특징(3)을 살펴봄으로써 신약성경에서 찾아볼 수 있는 교회의 특성을 이해하고, 이 용어의 신학적 의미에 대한 신앙적이며 목회적 적용점 내지는 활용성(4)을 모색하고자 한다.

2. '교회' 용어의 신약 권별 빈도와 의미

"에클레시아' 용어는 신약성경에서 총 114회 등장하는데, 그 과반(過半)이 바울서신에서 나타나는 반면(62회), 복음서에서는 난 3회, 그것도 모두 마태복음에서만 등장한다(16:18; 18:17[2회]).

이 용어가 자주 나타나는 순서대로 신약성경 각권의 권별 빈도수를 살펴보면, '에클레시아'는 사도행전에서 가장 자주 나는데, 총 23회 사용되었으며, 그 다음으로 고린도전서에서 22회, 요한계시록에서 20회, 에베소서에서 9회 나타나며, 히브리서와 공동서신에서는 단지 6회만(히 1회; 요삼 3회; 약 1회) 등장한다.

마태복음을 제외한 복음서와 디모데전서를 제외한 목회서신, 베드로전후서, 요한일서와 요한이서, 유다서에서는 이 에클레시아 용어를 찾을 수 없다.

어원(語源)적으로 에클레시아 용어는 전치사 ἐκ('밖으로')와 동사 καλέω('부르다')가 합해 만들어진 합성어이며, 따라서 '(세상과 구별되게) 밖으로 부름을 받은 자'라는 뜻을 지니고 있다. 구약성경에서 '카할'(קהל) 용어가 '소집된 모임'이라는 일반적인 의미로 사용되었고, '하나님의 부름에 의해 소집된 모임'이라는 신학적인 의미로 사용되기도 하였듯이, '카할'에 해당하는 신약성경의 용어인 부름 받은 자들의 모임을 지칭하는 '에클레시아'(ἐκκλησία) 역시 일반적 의미로뿐 아니라 신학적 의미로 사용되었다.

곧 '에클레시아' 용어는 주후 1세기 당시 그리스 로마 세계에서 투표권이 있는 자유민으로 구성된 '공적인 회집(會集)'이나 '민회(民會)'를 의미하는 일반적인 용례로 사용되었으며(행 19:32, 39 등), 또한 동 시대의 초기 기독교 세계에서는 신학적인 전문 용어로 하나님에 의해 부름 받은 종말론적인 신앙 공동체를 가리키거나 이들이 예배를 위해 모이는 지역 교회를 의미하기도 하였다(고전 1:2 등).

3. '교회' 용어의 신학적 용례와 특징

초기 기독교에서 이 용어는 그 부르심의 주체가 하나님이라는 점에서 '하나님의'(τοῦ θεοῦ)라는 속격(屬格)의 수식어와 함께 '하나님의 교회'(ἐκκλησία τοῦ θεοῦ, 구약에서는 '카할 엘'[קהל אל])이라는 어구로 자주 사용되었다(고전 1:2; 고후 1:1; 갈 1;13; 살전 2:14; 살후 1:4). 이 경우에 '하나님의'(τοῦ θεοῦ)라는 한정어는 문법적 용례로는 '기원(基源)의 속격'(genitivus auctoris)으로 사용되었으며, 속격으로 표현된 주체가 수식하는 명사의 '기원'이나 '출처'임을 보여준다.

다시 말하면, '교회'는 하나님에 의해 선택되고 부름 받은 종말론적 무리로, 초기 기독교인들은 이 용어를 통하여 스스로를 이해하고 또한 자신들의 정체를 드러냈다. 구약성경에서와는 다르게, 신약성경에서는 '하나님의 교회'가 '그리스도의 교회'(ἐκκλησία τοῦ Χριστοῦ, 롬 16:16)나 '그리스도 안에 있는 교회'(ἐκκλησία ἐν Χριστῷ, 갈 1:22)로 표현되기도 하였다.

바울의 경우에 에클레시아 용어는 대개 예배를 드리기 위해 모이는 각처에 있는 '그리스도인의 지역 모임'을 의미하였다(고전 11:18;

16:19). 물론, 간혹 개(個) 교회는 일반적인 의미에서 '하나님의 구원 공동체', '종말론적인 하나님의 백성'으로도 사용되었다(고전 12:28).

그러나 후기 바울서신에서 교회는 예수 그리스도와 관련하여 묘사되었다. 다시 말하면, 골로새서와 에베소서에서 교회는 '그리스도의 몸'일 뿐 아니라, 그리스도가 바로 이 교회의 머리시며, 나아가 '세상의 머리'시다(골 1:15-20, 2:10; 엡 1:22 이하). 또 목회서신에서 교회는 '하나님의 집'과 '진리의 기둥과 터'로 불렸으며, 그리스도인을 보호하는 안전 지대로서 '견고한 집'의 이미지로 묘사되었기에(딤전 3:15), 쉽게 '하나님의 가족'(familia dei)이라는 표상으로 비유될 수 있었다(딤전 3:5).

또 바울의 선교 동행인 누가가 기록한 사도행전에서도 이 용어는 구체적인 지역에 있는 그리스도인의 회중(행 8:11; 11:26; 16:5; 20:17 등)을 가리킨다. 또 복음서에서 유일하게 이 용어가 나타나는 마태복음에서 '에클레시아'는 베드로가 예수께서 세울 종말적 성전인 거룩한 교회의 기초가 된다고 하여 예수의 가르침을 보증하고 해석하는 사도인 베드로의 수위(首位)성을 보여주기도 하지만(16:18), 그와 함께 지역 교회 모임을 가리키기도 하였다(18:17).

히브리서의 경우 이 용어는 "살아계신 하나님의 도성인 천상의 예루살렘"으로서 예배를 위한 모임으로 생각되었으며, 야고보서에서는 일반적인 의미에서 "교회의 장로들"(5:14)이 언급되었고, 요한계시록에서 모두 지역의 회중을 묘사하는 데 사용되었다(2-3장 참조).

4. 신앙적·목회적 적용

신약성경에 나타난 '에클레시아' 용어의 신학적 용례와 특성을 신앙적·목회적으로 적용해보면, 다음 세 가지 교훈을 찾을 수 있다.

첫째, 교회는 하나님께 주권이 있는 '하나님의 교회'요, '그리스도의 교회'이다. 이 점이 유대교의 회당과 기독교의 교회의 차이점이다. 교회는 그리스도의 몸이다.

둘째, 교회는 예수 그리스도를 말미암아 종말론적 구원에 참여한 하나님의 백성들이 각 지역에서 함께 모여 하나님을 '예배하는 공동체'이다. 예배를 위해 함께 모이는 것은 교회 생활의 중심이자 그 기준이며, 그렇기 때문에 교회는 "하나님의 교회"가 된다.

셋째, 교회는 세상에 현존하는 하늘 나라의 '그림자'로서 지상에서 그리스도인을 안보하는 '하나님의 집'이요, '진리의 기둥과 터'요, '하나님의 가족'이다.

이는 오늘날의 교회가 다시 한 번 새겨들어야 할 교회에 대한 성경의 가르침이다. 그러므로 교회는 하나님이 그리스도 안에서 믿음의 사람들을 부르시고 성령을 통하여 그들을 새롭게 하심으로 이 땅 위에 세워진 실체로 예수 그리스도의 명령을 좇아 하나님의 나라를 향하여 가는 공동체로서의 책임을 다하여야 할 것이다.

• 읽을 거리 •

Bauer, Walter. *Wörterbuch zum Neuen Testament*. 6th. (Eds.) Kurt & Barbara Aland. Berlin WdeG, 1988. s.v. "ἐκκλησία". Sp. 485-86.

Exegetisches Wörterbuch zum Neuen Testament I. s.v. "ἐκκλησία". By Jürgen Roloff. Sp. 411-15.

Roloff, Jürgen. *Die Kirche im Neuen Testament*. GNT 10. Göttingen: V. & R., 1993.

Smith, J. B. *Greek-English Concordance to the New Testament*. Scottdale: Herald Press, 1955. 116.

Theologisches Wörterbuch zum Neuen Testament III (Studienausgabe 1990). s.v. "καλέω, ἐκκλησία". By K. L. Schmidt. 502-39.

A GLOSSARY OF
THE NEW TESTAMENT

신약성경
용어해설집

06

신약성경의 '기도'

προσεύχομαι, προσευχή 용어를 중심으로

누가복음 22:40

Γενόμενος δὲ ἐπὶ τοῦ τόπου εἶπεν αὐτοῖς· **προσεύχεσθε** μὴ εἰσελθεῖν εἰς πειρασμόν. 그 곳에 이르러 그들에게 이르시되 유혹에 빠지지 않게 **기도하라** 하시고

로마서 8:26

Ωσαύτως δὲ καὶ τὸ πνεῦμα συναντιλαμβάνεται τῇ ἀσθενείᾳ ἡμῶν· τὸ γὰρ τί **προσευξώμεθα** καθὸ δεῖ οὐκ οἴδαμεν, ἀλλὰ αὐτὸ τὸ πνεῦμα ὑπερεντυγχάνει στεναγμοῖς ἀλαλήτοις· 이와 같이 성령도 우리의 연약함을 도우시나니 우리는 마땅히 **기도할** 바를 알지 못하나 오직 성령이 말할 수 없는 탄식으로 우리를 위하여 친히 간구하시느니라

고린도전서 14:15

Ἐὰν [γὰρ] **προσεύχωμαι** γλώσσῃ, τὸ πνεῦμά μου **προσεύχεται**, ὁ δὲ νοῦς μου ἄκαρπός ἐστιν. 그러면 어떻게 할까 내가 영으로 **기도하고** 또 마음으로 **기도하며** 내가 영으로 찬송하고 또 마음으로 찬송하리라

에베소서 6:18

Διὰ πάσης **προσευχῆς** καὶ δεήσεως **προσευχόμενοι** ἐν παντὶ καιρῷ ἐν πνεύματι, καὶ εἰς αὐτὸ ἀγρυπνοῦντες ἐν πάσῃ προσκαρτερήσει καὶ δεήσει περὶ πάντων τῶν ἁγίων 모든 **기도**와 간구를 하되 항상 성령 안에서 **기도**하고 이를 위하여 깨어 구하기를 항상 힘쓰며 여러 성도를 위하여 구하라

1. 들어가는 말

다른 종교인들처럼 그리스도인이 가장 많이 하는 경건 행위 중 하나는 '기도'이다. 그런데 우리는 자주 우리의 욕망에 따라 하나님께 강요하는 기도를 드리거나 기도를 자기 확신의 수단으로 삼기도 한다. 기도가 바리새인과 서기관들이 드리는 기도와 같이 남에게 보이기 위한 것이거나 이방인들이 드리는 기도처럼 중언부언하는 것은 아닐까? 그리스도인은 기도를 통하여 하나님의 은혜를 체험하지만 말씀과 행함의 조화로운 삶의 모습을 보이지 못하는 경우가 많은데 어떻게 기도하는 것이 참된 기도의 능력을 회복하는 것일까를 생각하게 된다.

그렇다면 신약성경에서 기도는 타 종교의 기도와 어떻게 다르며, 또 어떤 특징을 지니고 있을까? 신약성경에서 기도에 대해 사용된 다른 용어들과는 어떤 차이가 있을까? 기도에 대한 신약성경의 가르침은 무엇이며, 이를 오늘날의 교회로 옮길 수 있는 신학적 원리는 무엇인가를 재고하는 것이 필요한 시점이다.

이러한 질문들에 대답하려면, 신약성경에서 기도에 대하여 사용된 용어들(εὔχομαι 7회, εὐχή 3회, αἰτέω 70회, ἐρωτάω 63회, προσκυνέω 60회, εὐλογέω 42회, εὐχαριστέω 38회, δέομαι 22회) 중에서도, 70인역(LXX)에서 '하나님께 드리는 기도'를 나타내는 트필라(תְּפִלָּה)를 번역한 용어이면서 신약성경에서 가장 자주, 또 가장 일반적으로 사용된 용어인 동사형 '프로스유코마이'(προσεύχομαι)와 명사형 '프로스유케'(προσευχή) 용어를 조사해야 한다.

먼저, '프로스유코마이'와 '프로스유케' 용어의 신약 각 권별 빈도(頻度)와 그 의미(2)를 살펴보고, 신학적 용례와 특징(3)을 조사한 다음, 이 용어의 신학적 의미에 대한 신앙적이며 목회적인 적용점(4)을 찾아보고자 한다(4).

2. '기도하다', '기도' 용어의 신약 권별 빈도와 의미

'기도하다'를 의미하는 '프로스유코마이'는 신약성경에 총 85회 등장한다. 그 대부분(약 70%)은 공관복음(마 15회, 막 10회, 눅 19회)과 사도행전(16회)에 나타나며(총 60회), 그 외에는 바울서신(19회, 그 중 후기 바울서신에서 7회)과 공동서신(6회)에 나타난다. 특히 공관복음에서 기도하는 주체는 예수(22회) 또는 제자들이나 교회(23회)이다.

'기도'를 의미하는 '프로스유케'는 고전 헬라어 문헌에서는 거의 사용되지 않으며 신약성경에서 총 36회 나타난다. 곧 공관복음(7회), 사도행전(9회), 바울서신(14회), 공동서신(3회)과 요한계시록(3회)에서, 동사와는 다르게 골고루 분포되어 나타난다. 그러나 요한 문헌에서는 동사형이든 명사형이든 요한계시록을 제외하고는 전혀 사용되지 않고, 대신 프로스쿠네오(προσκυέω, 11회, 4:22-24; 9:38 등)나 간구와 관련된 아이테오(αἰτέω, 9회), 감사 기도인 유카리스테오(εὐχαριστέω, 3회), 에로타오(ἐρωτάω, 6회)가 사용되었다.

또 '기도하다', '기도' 용어는 둘 다 예수나 신자들이나 교회가 하나님께 드리는 기도를 의미한다. 경건의 행위로서 신께 드리는 기도라는 면에서는 유대인이나 이방인이나 그리스도인이 드리는 기도가 동일하나, 그리스도인의 경우 기도를 표현하는 용어에 있어서는 주변 세계와 차별화되어 있다.

신약성경에서 하나님(눅 18:11) 내지는 아버지(마 6:9), 또는 주(행 1:24)께 드리는 기도로서 '프로스유케'는 기도의 '정황'(막 11:25; 눅 22:41; 마 17:21), '내용'(마 26:39), '시간'(행 10:30), '장소'(행 3:1)와 관련하여 구체적으로 묘사된다. 이 두 용어는 포괄적으로 하나님께 드리는 기도를 지칭하지만, 결코 단지 일상적인 삶의 요구만을 나타내지는 않는다. 이는 믿는 자와 하나님의 만남을 표현하며, 때로는 '찬송'(행 16:25), '요청'(막 11:24; 엡 6:18; 골 1:9; 딤전 2:1; 5:5), '감사'(엡 1:16; 빌 4:6; 골 1:3; 4:2; 살전 1:2; 딤전 2:1; 몬 4) 등과 함께 사용됨으로써 신약성경에서 기도를 표현하는 기본 용어이다. 세속 헬라어에서 거의 나타나지 않는 명사형 '프로스유케'는 사도행전 16장에서만 두 번(13, 16절) '기도처'라는 뜻으로 사용되었다.

이와 같이 신약성경에서 두 '기도' 용어는 모두 하나님과 관련되어 사용된 신학적 용례를 보여준다.

3. '기도하다', '기도' 용어의 신학적 용례와 특징

신약성경에서 두 용어로 표현된 기도는 그리스도인이 하나님께 가까이 다가가 그를 의지하는 경험의 표현으로, 진정한 의미에서 예배이다. 이는 그리스도인이 찬양, 감사, 탄원, 요청과 함께 기도로 창조주이자 구속자이신 하나님의 선하심을 힘입어 살아감을 보여준다.

공관복음의 경우, 예수는 친히 기도하시며(막 1:35과 평행절), 그를 따르는 제자들에게 기도할 것을 요청하신다(막 11:23-24과 평행절; 막 14:32-42와 평행 단락). 특히 마태복음과 누가복음에서 예수는 친히 기도하심으로 기도의 본을 보여주실 뿐 아니라(눅 11:1), 제자들에게 기도를 가르쳐 주시며(마 6:9-13; 눅 11:2-4), 나아가 기도할 것을 요청하신다(마 7:7-11; 눅 11:5-8, 9-13).

마태의 경우에 그리스도인은 서기관과 바리새인보다 '더 나은 의'를 추구해야 하는데, 기도에서도 예외가 아니다. 더 나은 의를 추구해야 하는 그리스도인의 기도는 위선으로 하여 외식하는 유대인의 기도나 중언부언(重言復言)하며 많은 말로 드리는 이방인의 기도보다 나아야 한다(마 6:5-8). 심지어 더 나은 의를 추구해야 하는 그리스도인은 상대적인 보복이나 보응의 원리가 아니라 원수 사랑의 맥락에서 교회를 박해하는 자들을 위해서도 기도해야 한다(마 5:44).

누가의 경우, 예수와 그의 제자들의 기도 드림이 강조되어 있다. 이때 예수의 기도는 제자들의 기도의 본보기이다. 예수는 공생애의 결정적인 전환점마다 기도하신다. 곧 세례 받으신 후에(3:21), 열두 제자를 선택하기 전에(6:12), 베드로의 신앙고백 전에(9:18), 변모하기 전에(9:28-29), 또 십자가를 지기 전에 감람산에서(22:40-46) 기도하신다. 누가의 기도에서 특징적인 것은 예수께서 베드로의 믿음이 떨어지지 않기를 기도하였을 뿐 아니라(22:32), 제자들에게는 성령을 주시도록(11:13), 시험에 들지 않도록(22:40) 기도하라 하시며, 인자 앞에 서도록 항상 기도하며 깨어 있을 것을 요청하였다(21:36)는 점에 있다.

누가복음의 속편인 사도행전에서 기도 개념은 한 걸음 더 나아간다. 예수의 가르침대로 제자들은 초기 기독교 역사에서 중요한 결정을 내릴 때마다 기도한다. 즉 예루살렘 교회는 열두 번째 사도를 선택할 때(1:24), 일곱 봉사자를 지명할 때(6:6), 사마리아를 위해 성령 받기를 구할 때(8:15) 기도하였으며, 베드로는 이방인 전도를 위한 환상을 볼 때(10:9) 기도하였고, 안디옥 교회도 바울과 바나바를 파송할 때(13:3) 기도하였다. 사도행전의 대표적인 두 사도, 곧 베드로(3:1; 9:40; 10:9; 11:15)와 바울은 기도하는 사람이었다(9:11; 16:25; 20:36; 21:5; 22:17; 28:8). 초기의 교회는 예수의 이름으로 드리는 기도로써 하나님의 능력을 경험하였으며, 기도 중에 하나님의 인도하심을 깨달았다.

바울의 경우, 기도는 성령으로 말미암아 믿는 자 안에서 역사하는 은사이다. 곧 그리스도인은 쉬지 않고(롬 1:9-10; 12:12; 살전 1:2; 몬 4), 구원의 확신을 가지고 항상 기뻐하며(빌 4:4-6; 살전 5:17), 찬양과 감사와 중보로써 하나님께 아뢴다. 바울은 십자가 사건 이후 성령을 체험한 신자들은 기도할 때 성령께서 그들을 위하여 친히 간구하시기 때문에 염려할 필요가 없다(롬 8:26)고 한다. 그러나 교회의 건덕(建德)이란 관점에서 공적 예배에서 방언 기도는 영으로 기도할 뿐 아니라 '이성적 마음'(νοῦς, 14절)으로 기도해야 한다(고전 14:15).

후기 바울서신의 경우 기도는 그리스도인의 삶에서 중요한 경건의 표지이며, 도우시는 하나님에 대한 신뢰의 표시(엡 6:18; 골 1:3; 4:12; 살후 1:11; 딤전 2:1, 8)이다. 그러므로 기도 요청에 대한 권고가 나타나는데, 이 경우에 적절한 기도를 위하여 '경성함'(골 4:2), '거룩함과 단정함'(딤전 2:8-9), '쉬지 않음'(딤전 5:5)과 같은 기도의 자세가 기도의 전제 조건으로 제시된다. 무엇보다 신약의 후기 문헌에서는 중보 기도가 강조된다(엡 6:18-19; 골 4:3; 살후 3:1; 히 13:18; 약 5:14-18; 딤전 2:1-7).

4. 신앙적 · 목회적 적용

신약성경에서 '기도'는 단순히 신에게 드리는 경건 행위가 아니라, 하나님께 예수 그리스도의 이름으로 성령 안에서 드리는 기도인 신학적인 특징을 보인다. 이에 대한 신학적이며 목회적인 적용점을 다음과 같이 모색해 볼 수 있다.

첫째, 신약성경의 경우 기도의 대상은 천지를 만드시고 피조물의 구원을 위해 독생하신 아들을 보내신 하나님이시다.

둘째, 기도는 단순한 간구 행위가 아니라 예수 그리스도 안에서 하나님의 구원을 경험한 신자가 찬양과 감사와 함께 간구하는 포괄적인 경건의 행위다.

셋째, 기도는 자신을 위해서 드릴 뿐 아니라 이웃과 교회와 세상을 위해 중보하는 경건 행위다.

넷째, 신약성경에서 그리스도인의 기도에서 기도의 내용뿐 아니라 '경성함', '쉬지 않음', '단정함과 절제', '거룩함' 등 기도의 전제 조건으로 제시된 자세가 중시된다.

다섯째, 신약성경의 기도는 예수의 이름으로 성령 안에서 드리는 기도이다.

여섯째, 공적 집회에서 영으로 드리는 기도는 교회의 덕 세움을 고려하여 이성적 마음으로 드려야 한다.

이와 같이 신약성경에서 그리스도인의 기도는 단지 하나님의 구원을 바라는 신앙의 표현을 넘어 모든 일상적 삶에서 하나님의 뜻이 하늘에서처럼 땅에서도 이루어짐으로 구체화되는 실천적 경건이다.

• 읽을 거리 •

장흥길. "믿음으로 드리는 기도의 권세." 『성경 연구』 72집(2000.11): 39-51.

______. "야고보서 윤리의 신학적 근거." 『교회와 신학』 77집(2012): 51-76.

Aland, Kurt & Aland, Barbara (Eds.). *Griechisch-deutsches Wörterbuch zu den Schriften des Neuen Testaments und der frühchristlichen Literatur von Walter Bauer* ([6]1988). s.v. "προσεύχομαι, προσευχή". Sp. 1429-30.

Bauer, Walter. Revised & edited by F. W. Danker. *A Greek-English Lexicon of the New Testament and other Christian Literture* ([3]2000). s.v. "προσεύχομαι, προσευχή". 878-79.

Exegetisches Wörterbuch zum Neuen Testament III (1983). s.v. "προσεύχομαι, προσευχή". By H. Balz. Sp. 396-409.

Smith, J. B. *Greek-English Concordance to the New Testament*. Scottdale: Herald Press, 1955. 307.

Theologisches Wörterbuch zum Neuen Testament II (Studienausgabe 1990). s.v. "εὔχομαι, εὐχή, προσεύχομαι, προσευχή". By Hermann Greeven. 774-808.

A GLOSSARY OF
THE NEW TESTAMENT

신약성경
용어해설집

07

신약성경의 '기쁨' (희락)

χαρά, χαίρειν 용어를 중심으로

마태복음 5:11-12

Μακάριοί ἐστε ὅταν ὀνειδίσωσιν ὑμᾶς καὶ διώξωσιν καὶ εἴπωσιν πᾶν πονηρὸν καθ' ὑμῶν [ψευδόμενοι] ἕνεκεν ἐμοῦ. **χαίρετε** καὶ ἀγαλλιᾶσθε, ὅτι ὁ μισθὸς ὑμῶν πολὺς ἐν τοῖς οὐρανοῖς· οὕτως γὰρ ἐδίωξαν τοὺς προφήτας τοὺς πρὸ ὑμῶν. 나로 말미암아 너희를 욕하고 박해하고 거짓으로 너희를 거슬러 모든 악한 말을 할 때에는 너희에게 복이 있나니 **기뻐하고** 즐거워하라 하늘에서 너희의 상이 큼이라 너희 전에 있던 선지자들도 이같이 박해하였느니라

로마서 14:17

Οὐ γάρ ἐστιν ἡ βασιλεία τοῦ θεοῦ βρῶσις καὶ πόσις ἀλλὰ δικαιοσύνη καὶ εἰρήνη καὶ **χαρὰ** ἐν πνεύματι ἁγίῳ· 하나님의 나라는 먹는 것과 마시는 것이 아니요 오직 성령 안에 있는 의와 평강과 **희락**이라

빌립보서 4:4

Χαίρετε ἐν κυρίῳ πάντοτε· πάλιν ἐρῶ, **χαίρετε**. 주 안에서 항상 **기뻐하라** 내가 다시 말하노니 **기뻐하라**

데살로니가전서 5:16-18

Πάντοτε **χαίρετε**, ἀδιαλείπτως προσεύχεσθε, ἐν παντὶ εὐχαριστεῖτε· τοῦτο γὰρ θέλημα θεοῦ ἐν Χριστῷ Ἰησοῦ εἰς ὑμᾶς. 항상 **기뻐하라** 쉬지 말고 기도하라 범사에 감사하라 이것이 그리스도 예수 안에서 너희를 향하신 하나님의 뜻이니라

1. 들어가는 말

'기쁨'은 어떤 만족감에 의해 느끼는 즐겁고 흥겨운 감정을 의미한다. "너의 하나님 여호와가 너의 가운데에 계시니 그는 구원을 베푸실 전능자이시라 그가 너로 말미암아 기쁨을 이기지 못하시며 너를 잠잠히 사랑하시며 너로 말미암아 즐거이 부르며 기뻐하시리라 하리라"(습 3:17)라고 하는데 하나님께서는 어떤 사람을 인하여 만족해 하시며 기쁨을 이기지 못하여 하시며 사랑하시는가?

그리스도인에게 기쁨은 기본적으로 예수 그리스도를 믿음으로 말미암아 믿는 자에게 시작된 종말론적 하나님의 구원을 일상생활에서 누리는 신앙적 삶의 자세나 태도 내지는 방식을 의미한다. 그렇다면 그리스도인이 일상적인 삶에서 하나님께서 기뻐하실 일을 행하며 하나님과의 사이에서, 사람들과의 사이에서 의로운 관계를 맺는 것이 하나님으로부터 오는 참된 기쁨을 누리며 살아가는 첩경이라 여긴다.

그러나 '기쁨'이 이미 받은 종말론적 구원의 선물에 근거를 둔 기쁨이라는 것을 잊은 채 살아가며 또 그 기쁨에 근거한 하나님 나라를 추구하는 삶을 살지 못하여 세속적인 의미의 기쁨마저도 잃어버릴 수 있는 오늘 우리에게 신약성경의 기쁨이 어떤 의미를 지니며, 그 특징은 무엇인가, 또 '기쁨'을 언급하는 신약 저자의 신학적 의도는 무엇인가를 살피는 것은 기쁨이 넘치는 하나님의 나라를 소망하는 그리스도인에게 매우 시의적절한 일이다.

이런 질문에 답하려면 먼저, '기쁨'에 해당되는 헬라어 χαρά 용어의 신약 권별 빈도(頻度)와 의미(2)를 살펴보고, 그 신학적 용례와 특징(3)을 조사한 다음, 신앙적·목회적 적용점(4)을 찾아보아야 한다.

2. '기쁨' 용어의 신약 권별 빈도와 의미

'기쁨'(χαρά)이나 '기뻐하다'(χαίρειν)는 신약성서 밖의 고대 헬라어에서는 세속적 의미로 사용되었지만 신약성서에서는 일차적으로는 예수 그리스도를 믿음으로 말미암아 하나님의 종말론적 구원 선물을 받은 기독교적 삶의 방식을 나타낸다. 그렇기는 하지만, 때때로 이는 그것에 대한 하나님이나 하나님께서 보내신 전령의 반응을 표현하기도 한다.

먼저, 명사형 '기쁨'(χαρά) 용어가 유래되어 나온 동사형 '기뻐하다'(χαίρειν)는 전체 신약성경에서 74회 등장하는데, 대부분 예수의 어록 말씀, 누가복음(12회)과 사도행전(7회), 요한문헌(15회), 바울서신(29회)에 나타나며, 그 밖의 경우는 문안 인사말(행 15:23; 23:26; 약 1:1)에 등장한다.

명사형 '기쁨'(χαρά)은 신약 전체에서 59회 등장하는데, 바울서신 20회(고린도후서와 빌립보서에서 각 5회, 데살로니가전서 4회, 로마서 3회, 갈라디아서와 골로새서와 디모데후서에서 각 1회 등장한다), 누가의 문헌 13회(누가복음 8회), 요한문헌 12회(요한복음 9회, 요한일서, 요한이서, 요한삼서에서 각 1회), 마태복음(6회), 마가복음(1회), 요한서신을 제외한 공동서신에서 7회(히브리서에서 4회, 야고보서 2회, 베드로전서에서 1회) 나타난다.

3. '기쁨' 용어의 신학적 용례와 특징

신약성경에서 χαρά나 χαίρειν 용어는 예수 그리스도를 믿음으로 말미암아 선물로 주시는 하나님의 종말론적 구원을 받아들인 그리스도인의 일차적인 삶의 방식으로 나타난다.

첫째, '기쁨'은 예수 그리스도를 믿는 자에게 하나님께서 성령으로 임재하신 결과이다. 이는 성령의 열매가 의(δικαιοσυνή)와 평강(εἰρήνη)과 함께 '희락'이라는 바울의 진술에 잘 나타난다(갈 5:22; 롬 14:17). 성령께서 역사하심으로 그리스도인은 많은 환난과 고난과 역경 가운데서도 기뻐할 수 있다(살전 1:6).

둘째, '기쁨'은 하나님의 계시 사건 앞에 선 자가 이를 수용하고 이에 속하는 방식이다. 곧 하나님의 말씀이나 복음을 들은 자가 기쁨으로 이를 받거나(막 4:16), 밭에 감춰진 보화와 같은 천국을 발견한 자가 그것을 숨겨두고 기뻐하며 돌아가서 자신의 소유를 다 팔아 그 밭을 사는 경우(마 13:44)가 이에 해당한다.

셋째, '기쁨'은 권면이나, '함께'(σύν)와 같이 사용되어 '기뻐하라'나 '기쁨에 동참하라'는 요구의 의미로 사용되기도 한다. 명사형의 경우 '성령의 열매' 목록(갈 5:22)이나 '하나님 나라' 덕 목록(롬 14:17)에서, 동사형의 경우 회개를 촉구하는 비유(눅 15:6, 9, 32)에서 나타난다. 권면의 표준적 예는 "항상 기뻐하라"(πάντοτε χαίρετε)는 초기 기독교의 권면 전승(살전 5:16)에서 찾아볼 수 있다. 바울의 경우에서도 이를 찾아볼 수 있는데, 바울은 자주 '기뻐하라'(χαίρετε)는 권면을 '주 안에서'(ἐν κυρίῳ) 어구와 함께 사용한다(빌 3:1; 4:4, 10).

넷째, 동사형과 마찬가지로 명사형 '기쁨'은 현실의 불의한 고난과 역경 가운데 이를 극복하는 그리스도인의 행위 태도라는 용례도 보여 준다. 기쁨은 종말론적 구원에 참여한 그리스도인이 의롭지 못한 세상에서 받는 온갖 종류의 고난 가운데서 "모든 견딤과 오래 참음"(골 1:11)과 함께 지녀야 할 삶의 자세이다. 이 점에서 그리스도인이 현재 받는 고난과 박해는 이에 비할 수 없는 장래의 새로운 세상을 소망하면서 불의한 현세에서 의롭게 사는 기쁨과 온갖 역경을 감내해야 하는 인내의 이유가 된다(마 5:11-12; 약 1:2, 12; 벧전 1:6-8; 4:13-14).

다섯째, '기쁨'은 종말론적 구원을 받은 자가 참여하는 하나님 나라의 실재(롬 14:17)이다. 이런 의미에서 종말 시 그리스도인의 기쁨은 '주인의 기쁨'(마 25:21, 23)에 참여하는 것이며, 그리스도의 재림과 함께 마지막 때 받을 면류관과 관련되어 있다(살전 2:19-20; 빌 4:1).

그 밖에, '기쁨'은 구원을 선물로 받은 자들이 구원을 베푸신 하나님(눅 15:7, 10)이나 이를 전하는 자(고후 2:3; 7:13; 빌 1:4; 2:4; 4:1; 살전 3:9)의 반응이기도 하며, 하나님을 멀리하는 두 마음을 품은 자들에게 결국에는 슬픔과 근심으로 바뀌게 될 '즐거움'으로, 부정적으로 묘사되기도 한다(약 4:9).

4. 신앙적·목회적 적용

신약성경의 저자들이 증언하는 '기쁨'이 오늘날의 그리스도인에게 어떤 신앙적 의미가 있으며, 목회자들에게 어떤 목회적 의미가 있는지를 요약하여 다음과 같이 나타낼 수 있다.

첫째, 신약성경의 '기쁨'은 하나님의 구원 행위가 그 토대가 되는 신론(神論)적, '구원론적 기쁨'이다.

둘째, 하나님께서 베푸시는 은혜로 인한 하나님의 구원에 기초를 둔 신약성경의 '기쁨'은 '주 안에서' 내지는 '그리스도 안에서' 유지되고 요구되는 '기독론적 기쁨'이다.

셋째, 신약성경의 '기쁨'은 그리스도인과 함께 하시는 성령으로 말미암는 '성령론적 기쁨'이다.

넷째, 신약성경의 '기쁨'은 현재의 불의한 고난과 역경 가운데서 장래의 새로운 세상을 소망하게 하는 '종말론적 기쁨'이며, 또한 '윤리적 기쁨'이다.

이런 점에서 신약성경의 '기쁨'은 무엇을 얻었거나 이루었을 때, 즉 어떤 조건 아래 기뻐할 수 있는 세속적인 기쁨과 구별된다. 오히려 신약성경의 '기쁨'은 예수 그리스도를 믿음으로 말미암아 받은 하나님의 구원 선물에서 비롯된, 무조건적인 신학적 기쁨이다. 바로 이것이 매인 몸으로 감옥에 갇혀 있던 바울이 감옥 밖에서 활보하며 일상생활을 영위하고 있는 빌립보 교회 성도들에게 "주 안에서 항상 기뻐하라 내가 다시 말하노니 기뻐하라"(Χαίρετε ἐν κυρίῳ πάντοτε· πάλιν ἐρῶ, χαίρετε.)고 권면할 수 있었던 신학적 근거이다(빌 4:4).

그러므로 그리스도인은 세상이 아무리 어렵고 어수선하다 해도 주 안에 머물러 있다면 성령께서 주시는 기쁨으로 기뻐할 수 있다.

• 읽을 거리 •

Aland, Kurt & Aland, Barbara (Eds.). *Griechisch-Deutsches Wörterbuch zu den Schriften des Neuen Testaments und der frühchristlichen Literatur von Walter Bauer* (^{6}1988). s.v. "χαίρω, χαρά". Sp. 1743-44, 1747-48.

Bauer, Walter. Revised & Edited by F. W. Danker. *A Greek-English Lexicon of the New Testament and other Christian Literature* (^{3}2000). s.v. "χαίρω, χαρά". 1074-75, 1077.

Exegetisches Wörterbuch zum Neuen Testament III(1983). s.v. "χαρά". By Klaus Berger. Sp. 1087-90.

Smith, J. B. *Greek-English Concordance to the New Testament*. Scottdale: Herald Press, 1955. 370-71.

Theologisches Wörterbuch zum Neuen Testament IX(Studienausgabe 1990). s.v. "χαίρω, χαρά, συγχαίρω". By Hans Conzelmann. 350-62.

A GLOSSARY OF
THE NEW TESTAMENT

신약성경
용어해설집

08

신약성경의 '동역'

συνεργός

어군(語群) 용어를 중심으로

마가복음 16:20

Ἐκεῖνοι δὲ ἐξελθόντες ἐκήρυξαν πανταχοῦ, τοῦ κυρίου **συνεργοῦ**ντος καὶ τὸν λόγον βεβαιοῦντος διὰ τῶν ἐπακολουθούντων σημείων. 제자들이 나가 두루 전파할새 주께서 **함께 역사하사** 그 따르는 표적으로 말씀을 확실히 증언하시니라

고린도전서 3:9

Θεοῦ γάρ ἐσμεν **συνεργοί**, θεοῦ γεώργιον, θεοῦ οἰκοδομή ἐστε. 우리는 하나님의 **동역자들**이요 너희는 하나님의 밭이요 하나님의 집이니라

골로새서 4:11

Καὶ Ἰησοῦς ὁ λεγόμενος Ἰοῦστος, οἱ ὄντες ἐκ περιτομῆς, οὗτοι μόνοι **συνεργοὶ** εἰς τὴν βασιλείαν τοῦ θεοῦ, οἵτινες ἐγενήθησάν μοι παρηγορία. 유스도라 하는 예수도 너희에게 문안하느니라 그들은 할례파이나 이들만은 하나님의 나라를 위하여 **함께 역사하는 자들**이니 이런 사람들이 나의 위로가 되었느니라

요한삼서 1:8

Ἡμεῖς οὖν ὀφείλομεν ὑπολαμβάνειν τοὺς τοιούτους, ἵνα **συνεργοὶ** γινώμεθα τῇ ἀληθείᾳ. 그러므로 우리가 이같은 자들을 영접하는 것이 마땅하니 이는 우리로 진리를 위하여 **함께 일하는 자**가 되게 하려 함이라

1. 들어가는 말

오늘날 우리 사회에서 절실하게 논의되는 주요 개념 중 하나는 '소통의 문제'이다. 사회 각계각층에 존재하는 불통(不通)과 원활하지 못한 소통의 문제 때문에 갈등과 불신의 벽이 높아져만 가고 그 때문에 점점 더 큰 문제 사회 문제가 야기되고 있다. 이러한 현상은 예수 그리스도의 몸 된 교회에서조차도 예외 없이 나타나 불통과 갈등이 교파, 지역 교회, 교역자, 성도 상호 간에서도 때때로 존재한다.

소통의 문제로 불통과 갈등을 겪는 교회에서 가장 먼저 해야 할 것은 다른 사람의 소리를 경청하면서 '함께' 협력하며 '함께' 역사하는, 곧 동역이라고 할 수 있다. 동역은 다양성을 수용하면서 다양한 사람과의 공감을 통하여 소통하며 함께하는 것을 의미한다. 또 거기에 함께 하는 '일'에 대하여 명확히 전달하고 받아들 수 있는 능력을 향상시키는 방법을 습득하고 모든 생각의 중심을 상대에게로 옮겨가며 서로의 성장을 도울 수 있는 삶의 자세를 견지하는 것과 동시에 늘 모세를 친구처럼 대면하셨던 하나님 앞에서 대면하는 자세로 상대방을 대해야 함을 잊지 않는 것을 포함한다.

그리하여 동역은 예수 그리스도를 믿음으로 말미암아 성령 안에서 하나님을 아버지로 부르는 거룩한 '가족 공동체'(familia dei)에서 한마음과 한 뜻이 되어 모든 사람에게 칭송을 받으며 함께 생명의 길을 걸어갔던 초기 교회의 아름다운 모습의 회복을 위한 필수 사항이 된다.

이런 점에서 신약성경에 나타나는 '쉰에르고스'(συνεργός)-어군 용어의 신약 각 책별 빈도와 의미(2)를 살펴보고, 그 신학적 용례와 특징(3)을 조사한 다음, 신앙적이며 목회적인 적용점(4)을 모색하려 한다.

2. '쉰에르고스' 어군과 신약 책별 빈도와 의미

신약성경에서 5회 등장하는 동사 '쉰에르게인'(συνεργεῖν)은 복음서 중 마가복음에서는 한 번(막 16:20), 바울서신에서 세 번(롬 8:28; 고전 16:16; 고후 6:1), 공동서신에서는 야고보서에서만 한 번(약 2:22) 등장한다. 그 형용사 '쉰에르고스'(συνεργός)는 신약성경에서 13회 나타나는데, 항상 명사적으로, 또한 주어(술어)적 용법으로 사용되었으며, 그것도 요한삼서 1:8을 제외하고는 모두 바울서신(롬 16:3, 9, 21; 고전 3:9; 고후 1:24; 8:23; 빌 2:25; 4:3; 골 4:11; 살전 3:2; 몬 1, 24)에서 나타난다. 게다가 대부분 복수 형태로 사용된다.

이 어군에 속하는 단어는 세속 헬라어에서는 아주 드물게 나타난다. 동사형은 다양한 상황에서 '함께 일하다'(합력하다) 또는 '함께 작용(역사)하다'를, 형용사는 '함께 일하는' 또는 '돕는'을, 명사는 '함께 일하는 사람'(동역자) 또는 '돕는 사람'의 의미로 사용되었다. 신약성경의 경우 이 어군에 속한 용어의 대부분은 바울서신에 등장하는데, 주로 명사 형태로 나타난다. 바울서신에 사용된 명사형은 바울과 함께 선교 사역에 참여하였던 '동료 일꾼'(fellow worker), '동역자'(co-worker), '조력자'(helper)의 의미로 다양한 선교 상황에서 사용되었다.

3. '쉰에르고스' 어군의 신학적 용례와 특징

바울은 그리스도의 복음 전파를 하나님의 일(ἔργον)로 이해하고 (고전 3:12-14; 빌 2:30), 쉰에르고스를 '하나님의 일을 맡은 사람'을 가리키는 경우에 사용하였다. 이런 점에서 바울은 스스로를 '하나님의 동역자'로 이해할 뿐 아니라 자신과 함께 그리스도의 복음을 전하는 사람역시도 '하나님의 동역자'로 묘사한다. 예를 들자면 바울은 선교 여행 중 자신이 낳은 '믿음의 아들' 디모데(고전 4:17; 딤전 1:2; 2:8; 딤후 1:2; 2:1)를 데살로니가 교회로 보내면서 '하나님의 일꾼'으로 소개하였으며(살전 3:2), 자신과 함께 복음을 전하는 사람을 '하나님의 동역자'로 묘사하였다(고전 3:9).

여기서 중요한 것은 '하나님의 동역자'가 결코 신인 협력(神人協力, synergism)의 의미가 아니라 오직 하나님의 은혜로 인하여 예수 그리스도를 믿음으로 말미암은 하나님의 구원을 전하는데 함께 협력하는 사람을 의미한다는 점이다. 그것은 고린도전서 3:5-15 단락에서 분명하게 드러난다. 바울이 언급하는 '동역자'는 일차적으로 바울을 돕는 '조력자'를 의미하지 않는다. 오히려 바울은 '하나님의 동역자'를 말한다. 곧 선교 사역을 하게 하신 분이 하나님이시며, 하나님의 일을 하는 하나님의 동역자는 자신이 행한 일을 책임 있게 수행해야 함을 강조한다. 이런 점에서 바울 자신뿐 아니라 그와 함께 일하는 사람은 '하나님의 동역자'이다.

이와 같이 바울서신에 사용된 '쉰에르고스'-용어의 대부분은 바울의 동역자를 가리킨다. 이 경우 바울은 복음 전파 시 자신을 도와준 사람을 '나의', '우리의'의 주어적 속격(屬格)을 사용하여 자신의 동역자로 묘사한다. 곧 로마서 말미의 문안 목록에서 바울은 브리스가 부부(16:3)와 디모데(16:21)를 '나의 동역자'로, 우르바노와 스다구를 '우리의 동역자'로 표현한다(16:9). 또 바울은 빌립보 교회에 보낸 에바브로디도를 자신의 동역자로 묘사하며(빌 2:25), 빌레몬에게 문안할 때 자신과 함께 문안하는 '마가, 아리스다고, 데마, 누가'를 자신의 동역자로 말하기도 하였다.

바울은 대부분의 '쉰에르고스' 용어를 주어적 속격과 함께 사용하지만, 가끔 전치사구와 함께 사용하여 동역의 목적을 나타내기도 하였다. 골로새서에서 그는 이 용어를 목적을 의미하는 전치사 εἰς와 함께 사용하여, 유대주의에 대항하는 유대인 기독교인인 아리스다고, 마가, 유스도 예수를 하나님 나라를 위하여 함께 일하는 동역자로 여긴다(골 4:11). 또 바울은 데살로니가 교회에 디모데를 보내면서 그를 그리스도 복음을 전하는 하나님의 일꾼으로 묘사하여 소개한다(살전 3:2). 게다가 바울은 예루살렘 교회의 가난한 자를 돕는 모금 활동을 위해 고린도 교회에 보냈던 디도를 그들을 위하는 자신의 동역자로 언급하였다(고후 8:23).

아주 드물게 이 용어는 여격과 함께 동역의 목적을 나타내기도 한다. 이는 바울이 고린도후서를 고린도 교회에 보낸 뒤 다시 그들에게 가지 않으려고 한 것은 스스로 그들의 믿음을 주관하는 자가 아니라, 단지 그들의 기쁨을 위해 돕는 자가 되려 했기 때문(고후 1:24)이었다고 하는 점에서도 찾아볼 수 있다.

4. 신앙적·목회적 적용

신약성경에서 '쉰에르고스'-어군 용어의 신학적 의미에서 신앙적이며 목회적으로 적용할 수 있는 메시지는 다음과 같다.

첫째, 모든 목회자는 '하나님의 동역자'이다. 바울은 스스로를 하나님의 동역자로 이해하였고, 자신처럼 주 예수 그리스도의 복음을 전하는 사람들을 하나님의 동역자로 여겼다.

둘째, 동역자에게 '동역'은 신인 협력의 의미가 아니라 오직 은혜의 복음으로 말미암은 구원을 전하는 하나님의 일을 섬기는 것을 뜻한다.

셋째, 바울은 자신과 함께 예수 그리스도의 복음을 전하는 공동의 목표를 가진 사람들을 '하나님의 동역자'요, 동시에 '자신의 동역자'로 생각하였다.

이런 점에서 바울의 경우 동역은 단지 인간 상호 간의 협력 이전에 신학적 기초 위에 세워져 있다. 바울은 결코 자신의 제자를 양육하려 하지 않았다. 오히려 그는 자신이 낳은 믿음의 아들조차도 자신의 제자가 아니라 예수 그리스도의 제자로 삼으려 하였고, 그가 '그리스도 예수의 좋은 병사'(딤후 2:3)가 되기를 기대하였다.

모든 그리스도인은 서로 협력하는 동역자이면서 하나님의 동역자이다. 다시 말하면, 하나님의 동역자로서 그리스도인은 서로 동역하는 동역자이다. 그러므로 '하나님의 동역자'인 그리스도인은 '복음 전파'라는 공동의 목표를 위해 일하는 '하나님의 동역자'로서, 동시에 '나'의 동역자이며 또한 '우리'의 동역자이다.

이런 관점에서 바울은 자신이 고린도에 교회를 개척하기 위하여 심었고, 아볼로는 물을 주었으나, 오직 자라게 하시는 이는 하나님이라고 말할 수 있었다(고전 3:5-9). 바울은 자신이 전도한 고린도 교회 성도들에게조차도 결코 그들의 믿음을 주관하려 하지 않았다. 오히려 그는 그들의 기쁨을 '돕는 자'로서 동역하려 하였다(고후 1:24).

이는 오늘날 불통과 갈등으로 고민하는 한국 교회가 신약성경에서 귀 기울여야 하는 동역의 핵심적인 신학적 원리이다.

• 읽을 거리 •

장흥길. "신약성경에서의 소통과 동역". 『따뜻한 소통, 행복한 동역』. 서울: 한지터, 2014: 46-70.

_____. "하나님의 동역자- 고전 3:4-11을 중심으로". 『따뜻한 소통, 행복한 동역』. 서울: 한지터, 2014: 71-80.

Aland, Kurt & Aland, Barbara (Eds.). *Griechisch-deutsches Wörterbuch zu den Schriften des Neuen Testaments und der frühchristlichen Literatur von Walter Bauer* (^{6}1988). s.v. "συνεργός". Sp. 1570-71.

Bauer, Walter. Revised & edited by F. W. Danker. A *Greek-English Lexicon of the New Testament and other Christian Literture* (^{3}2000). s.v. "συνεργός". Sp. 969.

Ellis, E. Earle. "Paul and his Co-Workers". *NTS* 17(1971): 437-52

Exegetisches Wörterbuch zum Neuen Testament III(1981). s.v. "συνεργός", By W.-H. Ollrog. Sp. 726-29.

Theologisches Wörterbuch zum Neuen Testament VII(Studienausgabe 1990). s.v. "συνεργός", By G. D. Bertram. 872-74.

A GLOSSARY OF
THE NEW TESTAMENT

신약성경
용어해설집

09

신약성경의 '말씀'

λόγος

용어를 중심으로

마태복음 8:8

Καὶ ἀποκριθεὶς ὁ ἑκατόνταρχος ἔφη· κύριε, οὐκ εἰμὶ ἱκανὸς ἵνα μου ὑπὸ τὴν στέγην εἰσέλθῃς, ἀλλὰ μόνον εἰπὲ **λόγῳ**, καὶ ἰαθήσεται ὁ παῖς μου. 백부장이 대답하여 이르되 주여 내 집에 들어 오심을 나는 감당하지 못하겠사오니 다만 **말씀으로만** 하옵소서 그러면 내 하인이 낫겠사옵나이다

요한복음 1:14

Καὶ ὁ **λόγος** σὰρξ ἐγένετο καὶ ἐσκήνωσεν ἐν ἡμῖν, καὶ ἐθεασάμεθα τὴν δόξαν αὐτοῦ, δόξαν ὡς μονογενοῦς παρὰ πατρός, πλήρης χάριτος καὶ ἀληθείας. **말씀**이 육신이 되어 우리 가운데 거하시매 우리가 그의 영광을 보니 아버지의 독생자의 영광이요 은혜와 진리가 충만하더라

로마서 9:6, 9

Οὐχ οἷον δὲ ὅτι ἐκπέπτωκεν ὁ **λόγος** τοῦ θεοῦ. … ἐπαγγελίας γὰρ ὁ **λόγος** οὗτος· κατὰ τὸν καιρὸν τοῦτον ἐλεύσομαι καὶ ἔσται τῇ Σάρρᾳ υἱός. 그러나 하나님의 **말씀**이 폐하여진 것 같지 않도다 … 약속의 **말씀**은 이것이니 명년 이 때에 내가 이르리니 사라에게 아들이 있으리라 하심이라

요한일서 2:5

Ὃς δ' ἂν τηρῇ αὐτοῦ τὸν **λόγον**, ἀληθῶς ἐν τούτῳ ἡ ἀγάπη τοῦ θεοῦ τετελείωται, ἐν τούτῳ γινώσκομεν ὅτι ἐν αὐτῷ ἐσμεν. 누구든지 그의 **말씀**을 지키는 자는 하나님의 사랑이 참으로 그 속에서 온전하게 되었나니 이로써 우리가 그의 안에 있는 줄을 아노라

1. 들어가는 말

'(하나님의) 말씀'은 기독교 신앙과 삶의 기준이 되며, 기독교 선교와 교육의 핵심이다. "하나님의 말씀은 살아 있고 활력이 있어 좌우에 날선 어떤 검보다도 예리하여 혼과 영과 및 관절과 골수를 찔러 쪼개기까지 하며 또 마음의 생각과 뜻을 판단하나니"(히 4:12)에서 보듯 말씀은 생명력이 있어 믿는 자에게 역사하신다. 또 말씀은 만물의 근원이고 본질이기에 교회는 말씀을 선포하고 말씀으로써 거듭나야 한다.

신약성경에서 '말씀'을 언급하는 신약성경 저자의 신학적 의도는 무엇인가? '말씀'에 대한 신약성경의 가르침을 오늘날의 그리스도인에게 적용할 수 있는 신학적·해석학적 원리는 무엇인가? 등의 질문에 대답하려면, 신약성경에 사용된 '말씀' 용어를 살펴보아야 한다.

신약성경에서 '말씀'을 가리키는 용어로 크게 '레마'(ῥῆμα)와 '로고스'(λόγος)를 들 수 있다. 곧 둘 다 '칠십인 역본'(LXX)에서 히브리어 성경의 '다바르'(דָּבָר)를 번역한 용어로, '말'과 '일'(행위) 이라는 뜻을 지니고 있다. 신약 헬라어에서 두 용어는 의미상으로 큰 차이가 없다. 그렇기는 하지만, 신약 헬라어 이전의 고전 헬라어에서 통용된 차이를 말한다면, '로고스'는 지각적, 이성적인 말함을 의미하는 반면, '레마'는 보다 감성이 강조된 말함이나 표현을 가리킨다.

신약성경에서 '레마'는 총 68회 등장하고, '로고스'는 그보다 훨씬 자주 330번 나타난다. 그렇기에 신약성경에서 '말씀' 용어를 심도 있게 살펴보기 위하여 일반적으로 사용된 '로고스' 용어의 신약 권별 빈도(頻度)와 그 의미(2)를 살펴보고, 그 신학적 용례와 특징(3)을 조사한 다음, 이 용어의 신앙적·목회적 적용점(4)을 찾아보고자 한다.

2. '말씀' 용어의 신약 권별 빈도와 의미

신약성경 전체에서 총 330회 등장하는 '로고스'는 대체적으로 신약성경 각 권에서 골고루 나타난다. 신약성경의 유형별로 그 빈도수를 살펴보면, 복음서에서 약 40%(129회), 사도행전에서 약 20%(65회), 바울서신에서 약 25%(84회), 히브리서에서 12회, 공동서신에서 22회, 요한계시록에서 18회 등장한다. 권별로 보면, 사도행전에서 가장 빈번하게 나타나며, 분량이 한 장인 서신인 빌레몬서, 요한이서, 유다서에서는 한 번도 나타나지 않는다.

명사형 '로고스'(λόγος)는 그 동사형인 '말하다'(λέγειν)에서 유래되었는데, 내면의 생각이 표현된 '말'이나 '일'을 가리킨다. 그것은 이 용어의 구약적 뿌리인 '다바르'가 '말'과 '일', 양자(兩者)의 의미를 내포하고 있는 것과 동일하다.

신약성경에서 '로고스' 용어는 사전(辭典)적으로 두 가지 용례를 보여준다. 하나는 언어학적인 용례로, '로고스'는 '말(씀)', '담화', '이야기', '진술', '표현', '질문', '소문', '해명', '설교', '교훈', '부름', '의미' 등의 의미로 사용되었다. 다른 하나는 신학적 용례인데, '로고스'는 히브리어 구약성경의 '다바르'에서 유래된 용례, 곧 "말씀, 이야기, 명령"의 의미뿐 아니라 "일, 사건"이라는 의미도 지니고 있다.

히브리 성경을 최초로 헬라어로 번역한 역본에서 '로고스'는 주로 구약의 역사서에서 사용되었던 반면, '레마'는 대부분 예언서에서 나타난다. 무엇보다도 구약성경 전체에서 '하나님의 말씀 신학'이 강조되는데, '하나님의 말씀 신학'은 창조 기사나 예언적 계시 사건에서 시작되어, 지혜서에도 나타난다. 이처럼 신약성경에서 '로고스'는 의미에서 아주 폭 넓게 사용되었다. 그 의미 스펙트럼은 '일상적인 용례'에서, '로고스 기독론'이 보여주는 것처럼 기독교 '신학적 용례'에 이르기까지 광범위하게 펼쳐져 있다.

3. '말씀' 용어의 신학적 용례와 특징

신약의 주요 증인들, 곧 예수, 바울, 요한에 의해 사용된 '로고스' 용어의 신학적 용례를 살펴보면, 다음과 같다.

첫째, 예수의 경우 '로고스'는 '하나님 나라'를 전하는 그의 선포 활동에서 핵심 용어다. 예수는 '하나님 나라'를 단지 '말씀'으로 선포하실 뿐 아니라 자신의 '신분과 활동'으로도 전하셨다. 그분이 전하는 말씀은 단지 전달되는 '언설(言說)'이 아니라, 더러운 귀신을 쫓아내고 모든 병을 고치셨던 '활동'이었다(막 1:27; 마 8:8 등). 예수를 따라 공관복음 저자들도 이처럼 말씀과 행위가 결합된 예수의 모습을 강조한다. 마가는 예수께서 도(道)를 말씀하시더니 중풍병자를 고치셨음을 부각하고(막 2:1-12 등), 마태는 "예수께서 이 말씀을 마치시매 … (일이) 일어났다"라는 다섯 번의 의도적인 편집적 공식문(마 7:28; 11:1; 13:53; 19:1; 26:1)을 통해 예수의 말씀과 행함을 관련지었으며, 누가도 제자도에서 말씀을 듣는 것과 함께 그에 부합된 행위의 일치를 강조한다(눅 10:25-37, 38-42 등).

둘째, 바울의 경우에 '로고스'는 원래 이스라엘에게 주어졌던 '하나님의 말씀'(롬 9:6)으로 복음의 원천이며, 구속사적 관점에서 구약의 말씀은 '약속의 말씀'(롬 9:9)이다. 그것은 십자가에 못 박히신 예수 그리스도가 내용이 되는 '십자가의 도'(고전 1:18)이며, 십자가로 말미암아 세상을 구원하고 우주적 화해 사건을 일으키는 '화해의 말씀'(고후 5:19)이다.

셋째, 요한의 경우 '로고스'는 하나님 중심적인 요한의 관점에 부합된다. 곧 예수의 말씀은 아버지 하나님의 말씀이다(요 5:38; 8:55; 14:24; 17:6, 14; 요일 2:5, 14). '말씀'은 하나님의 능력으로서 믿는 자들 안에서 역사하며 그들에게 생명을 부여한다. 곧 중보자이신 예수를 통해 제자들과 아버지 사이에 사귐이 이루어진다(요일 1:1-4). 예수께서 제자들에게 하시는 말씀은 '아버지의 말씀'이다(요 14:24).

특히 요한에게서 독특한 '로고스' 이해가 나타나는데, 이는 '요한복음의 서문'(Johannes-Prolog)으로 불리는 '로고스 찬가'(Logoshymnus)에서 찾아볼 수 있다. 여기서 선재(先在)하신 '로고스'가 육신이 되셨다는 '로고스 기독론'이 나타난다(요 1:1, 14). 성육하신 예수 그리스도는 '아버지의 독생자의 영광'이며, '은혜와 진리'가 충만한 분이시다(요 1:14). 로고스는 단순히 예수에 의해 선포되는 하나님 나라의 '말씀'과 '이적 행함'일 뿐 아니라, 선재하셨으나 성육(成肉)하신 '하나님의 아들' 예수 그리스도시다.

4. 신앙적·목회적 적용

신약성경의 '로고스'에 나타난 신학적 용례와 특징에 따른 신앙적이며 목회적 적용점을 다음과 같이 요약할 수 있다.

첫째, 예수의 경우 '로고스'는 하나님 나라, 곧 구원을 선포하시는 '말씀'과 이를 가져오시는 '능력 행위'였다. 그러므로 그리스도인에게도 하나님 나라를 전하는데 '말씀'과 함께 '행함'의 일치 내지는 일관성이 요구된다.

둘째, 바울의 경우 '로고스'는 '약속의 말씀', '십자가의 말씀', '화해의 말씀'이었다. 그러므로 기독교의 선교적 선포에서도 '약속의 말씀'을 성취하신 예수 그리스도의 복음으로서 '십자가의 말씀'이 '화해의 말씀'이라는 것이 강조되어야 한다.

셋째, 요한의 경우 '로고스'가 단순하게 예수에 의해 선포되는 하나님 나라의 '말씀'과 '이적 행함'일 뿐 아니라, 육신이 되신 '하나님의 아들' 예수 그리스도라면, 이 '말씀'을 영접할 것인가 배척할 것인가를 결정하는 신앙의 결단이 가장 중요한 문제이다. 무엇보다도 신약성경에 나타나는 '말씀'의 신학적 용례 가운데 그것과 일반적인 언어학적 용례와의 가장 큰 차이점은 바로 하나님의 아들 예수 그리스도와 '말씀'의 동일시에 있다. '로고스'는 '예수 그리스도'다.

• 읽을 거리 •

Aland, Kurt & Aland, Barbara (Eds.). *Griechisch-Deutsches Wörterbuch zu den Schriften des Neuen Testaments und der frühchristlichen Literatur von Walter Bauer* (⁶1988). s.v. "λόγος", "ῥῆμα". Sp. 968-72 / 1472.

Bauer, Walter. Revised & Edited by F. W. Danker. *A Greek-English Lexicon of the New Testament and other Christian Literture* (³2000). s.v. "λόγος". 598-601.

Exegetisches Wörterbuch zum Neuen Testament II(1981). s.v. "λόγος".By H. Ritt. Sp. 880-887.

Exegetisches Wörterbuch zum Neuen Testament III(1983). s.v. "ῥῆμα". By W. Radl. Sp. 505-507.

Smith, J. B. *Greek-English Concordance to the New Testament*. Scottdale: Herald Press, 1955. 217.

Theologisches Wörterbuch zum Neuen Testament IX(Studienausgabe 1990). s.v. "λόγος". By G. Kittel. 100-40.

A GLOSSARY OF
THE NEW TESTAMENT

신약성경
용어해설집

10

신약성경의 '복음'

εὐαγγέλιον

용어를 중심으로

가르침교훈 감사
거룩 경건 교회
기도 기쁨희락
동역 말씀 복음
사랑 생명 섬김
성경 세대영원 끝날
소망 율법 용서죄사함
의 이방인 이웃
절제 종말나중 마지막 말세
하나 됨 화해화목

마가복음 1:14-15

Μετὰ δὲ τὸ παραδοθῆναι τὸν Ἰωάννην ἦλθεν ὁ Ἰησοῦς εἰς τὴν Γαλιλαίαν κηρύσσων τὸ **εὐαγγέλιον** τοῦ θεοῦ καὶ λέγων ὅτι πεπλήρωται ὁ καιρὸς καὶ ἤγγικεν ἡ βασιλεία τοῦ θεοῦ· μετανοεῖτε καὶ πιστεύετε ἐν τῷ **εὐαγγελίῳ**. 요한이 잡힌 후 예수께서 갈릴리에 오셔서 하나님의 **복음**을 전파하여 이르시되 때가 찼고 하나님의 나라가 가까이 왔으니 회개하고 **복음**을 믿으라 하시더라

사도행전 20:24

Ἀλλ' οὐδενὸς λόγου ποιοῦμαι τὴν ψυχὴν τιμίαν ἐμαυτῷ ὡς τελειῶσαι τὸν δρόμον μου καὶ τὴν διακονίαν ἣν ἔλαβον παρὰ τοῦ κυρίου Ἰησοῦ, διαμαρτύρασθαι τὸ **εὐαγγέλιον** τῆς χάριτος τοῦ θεοῦ. 내가 달려갈 길과 주 예수께 받은 사명 곧 하나님의 은혜의 **복음**을 증언하는 일을 마치려 함에는 나의 생명조차 조금도 귀한 것으로 여기지 아니하노라

로마서 1:16-17

Οὐ γὰρ ἐπαισχύνομαι τὸ **εὐαγγέλιον**, δύναμις γὰρ θεοῦ ἐστιν εἰς σωτηρίαν παντὶ τῷ πιστεύοντι, Ἰουδαίῳ τε πρῶτον καὶ Ἕλληνι. δικαιοσύνη γὰρ θεοῦ ἐν αὐτῷ ἀποκαλύπτεται ἐκ πίστεως εἰς πίστιν, καθὼς γέγραπται· ὁ δὲ δίκαιος ἐκ πίστεως ζήσεται. 내가 **복음**을 부끄러워하지 아니하노니 이 **복음**은 모든 믿는 자에게 구원을 주시는 하나님의 능력이 됨이라 먼저는 유대인에게요 그리고 헬라인에게로다 **복음**에는 하나님의 의가 나타나서 믿음으로 믿음에 이르게 하나니 기록된 바 오직 의인은 믿음으로 말미암아 살리라 함과 같으니라

1. 들어가는 말

신약성경에서 '복음'은 신약성경 전체를 관통하는 핵심 용어이자 개념이다. 이 용어에 '그리스도 안에 나타난 하나님의 구원 행위'라는 신약성경의 통일성 있는 메시지가 함축되어 있기 때문이다. 초기 기독교에서는 '그리스도의 가르침' 또는 '그리스도에 의한 인간 구원의 길'이라고 정의되는 '기쁜 소식'이며 '좋은 소식', '아름다운 소식'인 '복음'을 '십자가의 죽음으로부터 부활하신 그리스도를 통한 구원'을 가리키는 말로 사용하였다.

예수께서는 "주의 성령이 내게 임하셨으니 이는 가난한 자에게 복음을 전하게 하시려고 내게 기름을 부으시고 나를 보내사 포로 된 자에게 자유를, 눈 먼 자에게 다시 보게 함을 전파하며 눌린 자를 자유롭게 하고 주의 은혜의 해를 전파하게 하려 하심이라"(눅 4:17-18)고 자신이 큰 기쁨의 좋은 소식임을 말씀하시면서 자신의 복음 안에서 선물로 주어지는 하나님의 나라를 선포하셨다.

구약성경에서 소식을 의미하는 히브리어 '베소라'(בְּשׂוֹרָה)에 해당하는 신약성경의 '복음'(εὐαγγέλιον)은 어떤 의미로 사용되었으며, 신약성경의 개별 저자들에게서 어떻게 사용되었는가?

본 장에서 신약성경에 나타난 '유앙겔리온' 용어의 신약 각권별 빈도(頻度)와 의미(2)를 살펴봄으로써, 신약성경에 나타나는 '복음'의 신학적 용례와 특징(3)을 밝히고, 이에 대한 신앙적이며 목회적인 적용점(4)을 모색하고자 한다.

2. '복음' 용어의 신약 권별 빈도와 의미

'복음'에 해당하는 헬라어 명사 '유앙겔리온'은 신약성경에서 모두 76회 등장하는데, 그 가운데 70% 이상이 바울서신에 나타나는 바울 신학의 주요 용어이다(56회). 반면 복음서에서는 이 용어가 단지 12회 등장하는데, 마태복음에 네 번(4:23; 9:35; 24:14; 26:13), 마가복음에 여덟 번 나타난다(1:1, 14, 15; 8:35; 10:29; 13:10; 14:9; 16:15). 그러나 누가복음과 요한문헌, 디도서와 히브리서, 몇 공동서신(벧후, 약, 유)에서는 전혀 등장하지 않는다.

이처럼 신약성경의 각 책에서 '복음' 용어의 권별 빈도수를 살펴보면, 이 용어가 바울서신에서 아주 빈번하게 나타나며, 복음서에서는 마가복음에서 신학적으로 의미 있게 사용되었음을 알 수 있다. 이런 점에서 '복음' 용어가 바울서신에서는 어떤 신학적 의미와 중요성을 띄고 사용되었는지, 그리고 바울 이후의 신약 문헌에서는 어떤 용례로 사용되었는지 살펴보아야 한다.

'유앙겔리온' 용어에 대한 신약성경의 각 책별 빈도수 조사에서 나타난 것처럼, 신약성경에 나타난 '유앙겔리온'의 용례는 크게 세 부분으로 나누어 생각해 볼 수 있다. 곧 바울과 복음서 저자 마가와 마태, 그 외 신약 저자들의 용례가 그것이다. 시대 순으로는 바울에게서 먼저 나타나고, 그 후 복음서 저자와 그 외 신약 저자에게서 나타난다.

신약 이전 유대인의 세계, 곧 구약성경이나 유대교의 '베소라'나 신약 주변 세계의 '유앙겔리온' 용어는 일반적으로 승전보(勝戰譜)와 같은 '좋은 소식'(삼하 18:20, 25, 27; 왕하 7:9), 그에 대한 '보상이나 보답'(삼하 4;10; 18;22)의 의미로 사용되었으며, 또는 당시 로마 황제 숭배의 맥락에서 '좋은 소식'(Philo, *Legatio ad Gaium*, 18, 99, 231; Josephus, *De bello Jedaio* IV, 618, 656)이란 의미로 사용되었다.

반면, 신약성경에서 이 용어는 비(非)신학적으로 '좋은 소식'이란 의미로 사용된 용례가 나타나기는 하지만, 대부분 '하나님에 대한, 또는 하나님으로부터 온 구원의 소식'이나 '그리스도의 구원 메시지'라는 의미로 나타난다. 물론, 이 용어는 나중에 '복음서'라는 문학 유형의 의미로 사용되었다(Irenaeus, Haer. iv.20.6; Clement, Strom. i.136.1).

3. '복음' 용어의 신학적 용례와 특징

이제 신약성경에서 '복음' 용어의 용례를 바울, 마가와 마태, 그 외 신약 저자의 경우로 구분하여 살펴보기로 하자.

먼저, 바울은 주변 세계에서 사용되던 이 용어의 복수 εὐαγγέλια가 아니라, 단수로 그것도 관사와 함께 τὸ εὐαγγέλιον을 사용함으로써 주변 세계와는 다른 용례를 보여준다. 곧 바울의 '복음'을 한 마디로 요약하면, 그것은 나사렛 예수의 전 생애와 활동이 지니고 있는 그리스도 사건이다.

바울은 이 용어를 세 가지 속격의 수식어와 함께 사용하는데, '하나님의 복음'(εὐαγγέλιον θεοῦ), '그리스도의 복음'(εὐαγγέλιον

Χριστοῦ), '내 복음'(εὐαγγέλιον μοῦ)이 그것이다.

'하나님의 복음'(살전 2:2, 8-9; 고후 11:7; 롬 1:1; 15:16)이라 함은 복음의 기원(基源)이 하나님임을 뜻하며, '그리스도의 복음'(롬 1:3-4; 고전 9:12; 갈 1:7; 빌 1:27)이라 함은 복음의 내용이 예수 그리스도임을 의미하고, '내 복음'(롬 2:16; 16:25)이라 함은 복음의 전달자가 바울 자신임을 나타낸다.

피츠마이어(J. A. Fitzmyer)는 바울이 전한 복음의 특징을 다음의 여섯 가지로 요약하였다. 곧 하나님의 의가 나타난 계시성(롬 1:17), 하나님의 능력으로서 역동성(롬 1:16), 전파되는 선포성(고전 15:1-11), 바울이 전한 복음 외 다른 복음은 없다는 규범성(갈 1:7), 하나님께서 하신 약속의 구체적인 실현되는 언약성(롬 1:2; 10:15), 누구에게나 차별 없는 보편성(롬 1:16; 2:11; 10:12)이 그것이다. 요약하면, 바울이 언급한 '그 복음'은 예수 그리스도를 믿음으로 말미암아 은혜로 받는 하나님의 구원에 관한 기쁜 소식이었다.

마가에게서 '복음' 용어는 모두 여덟 번 나타나는데(1:1, 14-15; 8:35; 10:29; 13:10; 14:9), 그 중 한 번(16:15)을 제외하고는 대부분 문학적 맥락과 관련되어 있다. 바울의 경우에 '그리스도의 복음'(εὐαγγέλιον τοῦ Χριστοῦ)에서 '그리스도의'(τοῦ Χριστοῦ)는 '목적격적 속격'(genitivus objectivus)으로 그리스도가 믿음과 교회 선포의 대상이다. 그러나 마가의 경우 그것은 그리스도에 대한 선포로서 복음 이전에 그리스도께서 전하신 복음이라는 '주격적 속격'(genitivus subjectivus)의 의미를 지니고 있다.

슈트레커(G. Strecker)가 지적한 대로 마가는 '복음' 용어를 역사적으로, 묵시적으로 정향(定向)시켰다. 곧 예수의 복음 선포는 단지 역사적으로 '때가 찬 것'일뿐 아니라, 묵시적 의미에서 그와 함께 오는 하나님 나라가 선언되는 것이다. 다시 말하면, εὐαγγέλιον은 미래적 하나님 나라가 예수와 함께 다가왔다는 선취(先取)적 종말에 대한 메시지이다.

마태의 경우, 마가복음에서 '복음' 용어가 나타나는 단락을 몇 단락(1:1; 8:35; 10:29)을 제외하고는 대부분 수용한다. 마가와 비교하여 마태는 '복음' 용어를 절대적 용법으로는 사용하지 않으며, 수식어인 '이(τοῦτο)'(24:14; 26:13)나 '나라의(τῆς βασιλείας)'(4:23; 9:35; 24:14)를 붙여 사용한다. 곧 마태는 '복음' 용어를 전문적인 기독교 술어로서 사용하는 것이 아니라, 신약 이전 세계과 그 주변 세계의 그리스-헬라적 용례를 따라 일반적 의미로 사용하였다. 반면 마태는 '복음' 용어를 종종 '전하다(κηρύσσειν)'와 함께 예수의 선포에 더 긴밀하게 관련지어 사용한다.

누가의 경우 그의 복음서에서는 이 단어가 나타나지 않으나, 사도행전에는 두 번 등장한다(15:7; 20:24). 누가에게서 복음은 예수의 십자가와 부활 사건을 그 안에 나타난 하나님의 구원 사건으로 열방에서 전한 사도들의 선포를 가리킨다.

그 외의 신약 문헌의 경우, '복음' 용어는 베드로전서(4:17)와 요한계시록(14:6)에 각 한 번씩 나타난다. 베드로전서에서는 '하나님의 복음'(εὐαγγέλιον τοῦ θεοῦ)의 어구로 나타나는데, 곧 '복음'은 박해 받고 있는 교회에게 이를 이겨낼 것을 권고하는 맥락에서 고난의 본을 보여주신 예수 그리스도에 관한 메시지라는 의미로 사용되었다. 또 요한계시록에서 단 한 번 나타나는 '복음' 용어는 심판의 맥락에서 하늘을 나는 천사들이 땅에 거하는 모든 사람들을 회개로 초청하는 '영원한 복음' 용례로 사용되었다.

4. 신앙적·목회적 적용

신약성경에 나타난 '유앙겔리온'의 용례는 기독론적이다. 다시 말하면, '복음'은 예수 믿는 자에게 하나님 나라가 도래함을 전하신 그리스도의 선포이며, 또 그 구원을 은혜로 베푸시기 위해 세상에 오셨을 뿐 아니라 세상 마지막에 다시 오실 그리스도에 관한 메시지이다. 이런 점에서 예수 그리스도는 하나님 나라의 선포자이시며, 동시에 선포되시는 대상이시다.

이와 같이 신약성경에서 '복음'은 하나님 나라 선포의 주체로서 예수 그리스도께서 전하신 선포이며, 동시에 선포의 객체, 곧 대상이자 내용이 되시는 예수 그리스도에 관한 메시지이다.

이 '유앙겔리온' 용례의 신앙적·목회적 적용점을 두 가지로 나누어 살펴볼 수 있다.

첫째, 신약성경에서 '복음'은 하나님 나라를 전하신 예수 그리스도의 선포이다. 그렇기에 '복음적 신앙'은 오직 예수를 믿음으로 말미암아 은혜로 참여하는 하나님 나라의 구원의 은총에 대한 감사와 찬양,

곧 예배적 응답이다.

둘째, 신약성경의 복음은 십자가를 지시고 부활하신 예수 그리스도가 내용이 되시는 은혜의 선포다. 따라서 복음적 신앙은 이 복음을 전하며 섬기는 실천적 삶의 응답이다. 이러한 이중적 의미를 지닌 복음적 신앙은 단순하게 '에큐메니칼 신앙'과 다른 신앙적 입장의 성경적 근거가 아니다. 오히려 그것은 모든 그리스도인이 결코 잊어서는 안 되는 성경적 신앙 원리이다. 은혜의 복음에 대한 신앙과 복음을 전하는 복음 전파의 삶은 결코 분리될 수 없는 기독교 신앙의 양면이다. 그러므로 모든 그리스도인에게 복음을 믿는 신앙대로 복음을 전하는 실천적 삶이 요구되는 것은 자명(自明)한 신약성경의 가르침이다.

• 읽을 거리 •

Bauer, Walter. *Wörterbuch zum Neuen Testament*. 6th. (Eds.) Kurt & Barbara Aland. Berlin WdeG, 1988. s.v. "εὐαγγέλιον". Sp. 643-44.

Exegetisches Wörterbuch zum Neuen Testament II(1981). s.v. "εὐαγγέλιον". By Georg Strecker. Sp. 176-86.

Fitzmyer, J. A. "The Gospel in the Theology of Paul". *Interpretation* 33(1979): 339-50.

Goppelt, L. *Theologie des Neuen Testaments* II. 435-46.

Schnelle, U. *Einleitung in das Neue Testament* (UTB.W 1830). Göttingen: V. & R., 1994. 183-84.

Smith, J. B. *Greek-English Concordance to the New Testament*. Scottdale: Herald Press, 1955.

Strecker, G. *Der Weg der Gerechtigkeit*. FRLANT 91. Göttingen: V. & R., ^{3}1971.

Theologisches Wörterbuch zum Neuen Testament II(1990). s.v. "εὐαγγέλιον". By Gottlob Schrenk. 194-214.

A GLOSSARY OF
THE NEW TESTAMENT

신약성경
용어해설집

11

신약성경의 '사랑'

ἀγάπη

어군(語群) 용어를 중심으로

마태복음 22:37-39

Ὁ δὲ ἔφη αὐτῷ· **ἀγαπήσεις** κύριον τὸν θεόν σου ἐν ὅλῃ τῇ καρδίᾳ σου καὶ ἐν ὅλῃ τῇ ψυχῇ σου καὶ ἐν ὅλῃ τῇ διανοίᾳ σου· αὕτη ἐστὶν ἡ μεγάλη καὶ πρώτη ἐντολή. δευτέρα δὲ ὁμοία αὐτῇ· **ἀγαπήσεις** τὸν πλησίον σου ὡς σεαυτόν. 예수께서 이르시되 네 마음을 다하고 목숨을 다하고 뜻을 다하여 주 너의 하나님을 **사랑하라** 하셨으니 이것이 크고 첫째 되는 계명이요 둘째도 그와 같으니 네 이웃을 네 자신 같이 **사랑하라** 하셨으니

요한복음 13:34

Ἐντολὴν καινὴν δίδωμι ὑμῖν, ἵνα **ἀγαπᾶτε** ἀλλήλους, καθὼς **ἠγάπησα** ὑμᾶς ἵνα καὶ ὑμεῖς **ἀγαπᾶτε** ἀλλήλους. 새 계명을 너희에게 주노니 서로 **사랑**하라 내가 너희를 **사랑한** 것 같이 너희도 서로 **사랑**하라

로마서 13:10

Ἡ **ἀγάπη** τῷ πλησίον κακὸν οὐκ ἐργάζεται· πλήρωμα οὖν νόμου ἡ **ἀγάπη**. **사랑**은 이웃에게 악을 행하지 아니하나니 그러므로 **사랑**은 율법의 완성이니라

고린도전서 13:13

Νυνὶ δὲ μένει πίστις, ἐλπίς, **ἀγάπη**, τὰ τρία ταῦτα· μείζων δὲ τούτων ἡ **ἀγάπη**. 그런즉 믿음, 소망, **사랑**, 이 세 가지는 항상 있을 것인데 그 중의 제일은 **사랑**이라

1. 들어가는 말

기독교에서 사랑의 의미는 사람 사이의 우정에서부터 하나님의 사랑에 이르기까지 넓은 영역을 아우른다. 예수께서는 '하나님 사랑'과 '이웃 사랑'으로 사랑을 요약하여 율법을 완전히 새로운 빛 안에 나타나게 하였다. 그러므로 신약성경에서 '사랑'은 예수 그리스도에 의해 선포되고 그와 함께 시작하는 하나님 나라의 메시지를 듣고 삶을 돌이킨 그리스도인의 행동과 삶을 결정하는 삶의 기준이 된다.

신약성경에서 이러한 의미로 사용된 '사랑' 용어는 주로 두 가지로 나타난다. 하나는 명사인 아가페(ἀγάπη), 동사인 아가파오(ἀγαπάω), 형용사인 아가페토스(ἀγαπητός)로 이루어진 '아가페'(ἀγάπη)-어군이고, 다른 하나는 명사 필리아(φιλία), 동사 필레오(φιλέω)로 구성된 '필리아'(φιλία)-어군이다. 이 두 어군은 신약성경에서 의미의 차이 없이 동의어로 사용되며, 단지 어감(語感)의 차이만 드러낼 뿐이다. 곧 전자(前者)는 후자(後者)보다 더 내적(內的)이고 심오한 의미를 갖고 있다.

'필리아'(φιλία) 어군에서 '필로스'(φίλος)는 "친구", "사랑하는 자", "연인", "고객"을 의미하며, '필리아'는 '사랑'이나 '우정'을 의미하여 부모, 형제 자매, 부부간의 사랑을, "유쾌한 관계"나 "호의"의 뉘앙스를 지녀 "동맹"을 의미하며, '필레'(φίλη)는 '가장 사랑스러운, 사랑하는'으로 때때로 성적인 뉘앙스를 지니거나 여자 친구를 나타내기도 한다.

본 글에서는 신약성경에서 보편적으로 나타나는 '아가페'(ἀγάπη)-어군의 권별 빈도와 의미(2)를 살펴봄으로써 신약성경에 나타난 '사랑'의 신학적 용례와 특징(3)을 이해하고, 이 어군의 신학적 용례에 대한 신앙적이며 목회적인 적용점(4)을 찾아보고자 한다.

2. '사랑' 용어의 신약 권별 빈도와 의미

아가페-어군에 속한 세 단어는 신약성경에서 총 320회 등장하는데, 거의 모든 신약성경의 각 권에 나타난다.

명사인 아가페(ἀγαπή)는 총 116회 나타나는데, 특히 요한서신(21회), 고린도전서(14회), 에베소서(10회) 순(順)으로 자주 사용된다.

동사 아가파오(ἀγαπάω)는 모두 143회 등장하는데, 요한복음(37회)과 요한서신(31회)에서 가장 많이 사용된다.

형용사 아가페토스(ἀγαπητός)는 총 61회 나타나며, 요한서신(10회), 로마서(7회), 베드로후서(6회)에서 자주 사용된다.

전체적으로, 이 어군은 요한문헌에 106회(복음 44회, 서신 62회) 나타나며, 후기 바울서신(52회)을 포함한 전체 바울 서신에서 136회 등장한다. 사도행전을 포함한 공관복음에서는 37회만 사용되며, 그 밖의 책에서는 41회 나타난다.

권별 빈도수를 살펴보면, 요한일서에서 가장 빈번하게 사용되었고(52회), 그 다음으로는 요한복음(44회), 로마서(24회), 에베소서(22회), 고린도전서(20회), 누가복음(16회), 고린도후서(15회), 마태복음(12회), 골로새서(11회) 순으로 자주 나타난다.

이 어군의 동사와 명사는 사도행전에서 전혀 찾아볼 수 없으며, 형용사의 경우 요한복음, 요한이서, 요한계시록에서는 등장하지 않는다.

3. '사랑' 어군의 신학적 용례와 특징

신약성경에서 이 어군은 대부분 인격체에 대한 인격체의 사랑을 지칭한다. 다시 말하면, 인격체인 하나님(또는 예수)의 사람에 대한 사랑이나, 역(逆)으로 그 자녀의 하나님에 대한 사랑을 나타내는 경우나 이 사랑을 받은 자들의 '서로 사랑'(형제 사랑 또는 이웃 사랑)을 표현하는 경우에 사용되었다. 이와 같이 신약성경에서는 하나님이나 사람이 사랑의 주체나 객체로 등장한다.

물론, 사랑해서는 안 될 대상이나 우회적인 사랑의 대상으로서 비(非) 인격적인 추상 개념이 사용된 경우도 있다('높은 자리'[눅 11:43]; '어두움'[요 3:19]; '영광'[12:43]; '세상'[딤후 4:10; 요일 2:15]; '의'[히 1:9]; '생명'[벧전 3:10; 계 12:11]; '불의의 삯'[벧후 2:15]; '성'[계 20:9]).

공관복음에 나타나는 사랑은 몇 안 되는 구절(막 10:21; 눅 7:5)을 제외하면, 이 어군의 명사와 동사는 단지 예수의 말씀에서만 나타난다(마 24:12; 눅 11:42). 특히, '하나님 사랑'과 '(원수를 포함한) 이웃 사랑'이라는 예수의 이중 계명에서 사랑의 중요성이 드러난다. 곧 예수께서 하나님 사랑과 이웃 사랑으로 사랑을 요약한 이 이중 계명은 율법을 완전히 새로운 빛 안에 나타나게 하여, 바로 그 사랑으로 예수의 하나님 나라 선포를 듣고 자신의 삶을 돌이킨 자의 행동과 삶을 결정하게 한다.

바울의 경우에 사랑의 출발점은 '하나님의 사랑'(롬 5:5, 8; 8:37; 9:13; 고후 9:7 등)이다. 바울은 하나님의 사랑은 예수 그리스도를 통해 나타났으며, 성령으로 말미암아 우리에게 부어졌다(롬 5:5, 8; 갈 2:20 등). 또한 사랑은 모든 은사와 덕목(德目)의 가치를 결정하고 판단하는 기준이며(갈 5:6; 고전 12:31; 13:13 등), 인본적인 '행위'(ἔργον)가 아니라 '성령의 열매'(ὁ καρπὸς τοῦ πνεύματος)라고 하였다(갈 5:22). 게다가 바울은 '이웃 사랑'을 강조하면서 사랑을 '율법의 요약'(롬 13:9)이며 '성취'(롬 13:10; 갈 5:14)로 이해한다.

후기 바울서신의 경우 사랑이 긍휼하신 하나님께서 그의 아들 예수 그리스도를 통해 베푸신 구원의 선물로 표현되기도 한다(엡 2:10).

아가페-어군은 무엇보다도 요한문헌에서 두드러지게 나타난다. 요한복음의 경우에 신약의 후기 문헌에서처럼 '형제 사랑'이 강조된다. 그렇기는 하지만, 하나님의 사랑은 그 아들의 파송과 영접, 아들에 대한 순종과 밀접하게 관련되어 있다(요 3:16; 14:23). 즉 아들을 파송한 하나님의 사랑(15:9), 자기 사람들을 끝까지 사랑한 아들의 사랑(13:1), 그 사랑을 구현해야 하는 제자들의 사랑(15:9)이 긴밀하게 연관되어 있으며, 이런 점에서 사랑은 서로 사랑의 '새 계명'(ἐντολή καινή, 13:34)이다.

반면 요한서신의 경우 '하나님(주체)의 사랑'(요일 3:1; 4:7-21; 요이 3)과 '하나님(객체)에 대한 사랑'(요일 2:5, 15; 3:17; 4:10), '그리스도에 대한 사랑'(요일 5:1)과 '형제 사랑'(요일 3:11, 23; 4:7; 요이 5)이 서로 밀접하게 연결되어 있다. 나아가, 요한서신에서 하나님은 곧 사랑이시다(요일 4:8, 16).

끝으로 야고보에서 하나님께서는 자기를 사랑하는 자들에게 '생명의 면류관'(약 1:12)이나 '그 나라의 상속'(약 2:5)을 약속하신다. 또 여기서도 '이웃을 자기 몸과 같이 사랑하는 것'이야말로 '최고의(왕적인) 법'(νόμος βασιλικός)이다(2:8).

4. 신앙적·목회적 적용

신약성경에 나타난 아가페-어군을 전체적으로 살펴보면, 아가페의 '사랑'은 하나님(예수 그리스도)의 인간 사랑이나, 하나님의 사랑을 받은 사람들의 하나님(예수 그리스도)에 대한 사랑, 하나님의 사랑을 받은 사람들의 서로 사랑, 하나님으로부터 받은 사랑으로써 하나님 사랑을 받은 사람들의 이웃 사랑을 의미한다.

다시 말하면, 사랑은 '인격적'이며, 동시에 '이중적'이다. '인격적'이라 함은 세상이나 재물은 사랑의 대상이 아님을 뜻하며, '이중적'이라 함은 사랑이란 하나님께서 그리스도인에게 베푼 사랑이라는 신본(神本)적인 '선물적 사랑' 또는 '주체적 사랑'이기도 하다. 한편 그 사랑을 받은 사람이 베푸신 하나님을 향한 사랑이나 다른 사람에 대한 사랑, 또는 그 사랑을 받은 사람끼리의 '서로 사랑'과 같이 '응답적 사랑' 내지는 '객체(대상)적 사랑'이기도 하다.

그러므로 하나님으로부터 '선물'(Gabe)적인 사랑을 받은 자는 하나님을 향한 또는 다른 사람에 대한 '과제'(Aufgabe)로서 사랑을 행해야 하는 부르심 앞에 서게 된다. 다시 말하면, 예수께서 지신 십자가는 죄인의 죄를 사하기 위한 은총의 십자가이나, 동시에 예수를 따르려는 자에게 자신이 스스로 져야 하는 과제를 요구하는 십자가이기도 하다(막 9:34).

• 읽을 거리 •

장홍길. "신약성경에 나타난 예수 그리스도의 사랑", 『위로와 소망을 주는 교회』. 서울: 새문안교회 홍보출판부, 99-104.

Bauer, Walter. *Wörterbuch zum Neuen Testament*. 6th. (Eds.) Kurt & Barbara Aland. Berlin WdeG, 1988. s.v. "ἀγαπάω, ἀγάπη, ἀγαπητός". By Gerhard Schneider. Sp. 19-29.

Exegetisches Wörterbuch zum Neuen Testament I. s.v. "ἀγαπάω, ἀγάπη, ἀγαπητός". By Gerhard Schneider. Sp. 19-29.

Smith, J. B. *Greek-English Concordance to the New Testament*. Scottdale: Herald Press, 1955. 2.

Theologisches Wörterbuch zum Neuen Testament I (Studienausgabe 1990). s.v. "ἀγαπάω, ἀγάπη, ἀγαπητός". By E. Stauffer. 20-55.

A GLOSSARY OF
THE NEW TESTAMENT

신약성경
용어해설집

12

신약성경의 '생명'

ζῶ, ζωή

용어를 중심으로

요한복음 11:25-26

ʾΙπεν αὐτῇ ὁ Ἰησοῦς· ἐγώ εἰμι ἡ ἀνάστασις καὶ ἡ ζωή· ὁ πιστεύων εἰς ἐμὲ κἂν ἀποθάνῃ **ζήσεται**, καὶ πᾶς ὁ ζῶν καὶ πιστεύων εἰς ἐμὲ οὐ μὴ ἀποθάνῃ εἰς τὸν αἰῶνα. πιστεύεις τοῦτο; 예수께서 이르시되 나는 부활이요 **생명**이니 나를 믿는 자는 죽어도 살겠고 무릇 살아서 나를 믿는 자는 영원히 죽지 아니하리니 이것을 네가 믿느냐

사도행전 11:18

Ἀκούσαντες δὲ ταῦτα ἡσύχασαν καὶ ἐδόξασαν τὸν θεὸν λέγοντες· ἄρα καὶ τοῖς ἔθνεσιν ὁ θεὸς τὴν μετάνοιαν εἰς **ζωὴν** ἔδωκεν. 그들이 이 말을 듣고 잠잠하여 하나님께 영광을 돌려 이르되 그러면 하나님께서 이방인에게도 **생명 얻는** 회개를 주셨도다 하니라

로마서 8:1-2

Οὐδὲν ἄρα νῦν κατάκριμα τοῖς ἐν Χριστῷ Ἰησοῦ. ὁ γὰρ νόμος τοῦ πνεύματος τῆς **ζωῆς** ἐν Χριστῷ Ἰησοῦ ἠλευθέρωσέν σε ἀπὸ τοῦ νόμου τῆς ἁμαρτίας καὶ τοῦ θανάτου. 그러므로 이제 그리스도 예수 안에 있는 자에게는 결코 정죄함이 없나니 이는 그리스도 예수 안에 있는 **생명**의 성령의 법이 죄와 사망의 법에서 너를 해방하였음이라

1. 들어가는 말

'생명'은 살아 있는 피조물의 존재 자체이며, 가장 중요한 인간의 가치이다. 특히 오늘날 '전쟁과 분쟁', '생명 파괴', '자살 급증', '생태계 파괴' 등의 주제와 관련하여, '생명'에 대한 기독교의 입장이 무엇인지에 대한 질문이 활발하게 제기된다. 이러한 질문에 대답하려면, 신약성경에서 언급된 '생명'과 그 특징, 또 '생명'을 언급하는 신약 저자의 신학적 의도, '생명'에 대한 신약의 가르침을 오늘날의 그리스도인에게 적용할 수 있는 신학적·해석학적 원리가 무엇인지를 살펴보아야 한다.

구약성경에서 생명은 생명의 원천이신 하나님과 연관되어 있다. 곧 하나님께서 인간에게 생명의 숨을 불어 넣으실 때 인간은 살아 있는 존재가 되었다(창 2:7). 이러한 신약성경에서 '생명'과 관련된 용어로는 '조에'(ζωή) 외에 '비오스'(βίος)나 '프쉬케'(ψυχή) 등을 들 수 있다. 그렇기는 하지만, '비오스'는 비신학적인 의미로 사용되어 인간적이거나 세상적인 것, 현세적이거나 물질적인 것과 관련해서, '살림', '재산', '소유', '생활', '이생' 등의 의미로 사용되었고, '프쉬케'는 주로 육체적 죽음의 반대어로서 '목숨'의 용례로 사용되었다.

이런 이유로 신약성경에서 신학적으로 사용된 '생명' 용어로 '조에' 용어를 다루어 생명에 대한 신약성서의 가르침을 알아보려고 한다. 이를 위해 먼저, 이 용어군의 신약 권별 빈도(頻度)와 의미(2)를 살펴보고, 신학적 용례와 특징(3)을 조사한 다음, 그 신앙적·목회적 적용점(4)을 찾아보고자 한다.

2. '생명' 용어군의 신약 권별 빈도와 의미

'생명' 용어군으로 선정된 동사형 '살다'(ζῶ)와 명사형 '생명'(ζωή)은 신약성경에서 바울서신과 요한문헌에서 집중적으로 사용되었으며, 공관복음이나 공동서신 등에서는 상대적으로 덜 빈번하게 나타난다.

동사형 '조'(ζῶ)는 신약성경 전체에서 142회 등장하는데, 그 중 약 2/3정도가 바울서신(59회)과 요한문헌(34회)에서 나타난다. 특히 로마서에 22회, 요한복음에 18회, 요한계시록에 15회 나타나고, 사도행전과 히브리서에서 각 12회 등장한다.

또 명사형 '조에'(ζωή)는 신약성경 전체에서 134회 등장하는데, 동사형과 달리 명사형은 바울서신(35회)보다 요한문헌(64회)에서 더 자주 사용되었다. 요한문헌의 경우는 요한복음에 36회, 요한계시록에 15회, 요한일서에 13회 나타나며, 바울서신에서는 로마서에 14회, 고린도후서에 6회 등장한다. 또 바울과 요한 외에 이 용어들은 누가에서 자주 나타나는데, 동사형은 누가복음에 9회, 사도행전에 12회 등장하고, 명사형은 누가복음에 6회, 사도행전에 8회 등장한다.

이 용어의 사전(辭典)적 기본 의미는 동사형은 '살다'이며, 명사형은 '생명'인데, 이는 현세의 자연적인 생명뿐 아니라 내세적인 영원한 생명의 의미로 사용되었다. 무엇보다도 요한의 경우 명사형은 '영원한'(αἰώνιος)과 함께 사용되어, 다른 책에 나타나는 용례와 구별되는 특징적인 신학적 용례를 보여준다.

3. '생명' 용어군의 신학적 용례와 특징

앞서 살펴본 것처럼, 이 용어군은 신약의 주요 증인들인 바울과 요한, 누가에 의해 사용되었다. 이는 무엇보다도 다음과 같이 일반적 용례 이상의 신학적 용례를 보여준다.

첫째, 바울의 경우 이 용어는 기본적으로 '사망'(θάνατος)과 대조되는 용어(롬 8:6)로, '자유'(ἐλευθερία)나 '평화'(εἰρήνη)와 같은 구원론의 핵심적 기본 개념이다(갈 5:1; 롬 5:1). 인간의 '생명'은 사망과 죄의 지배 아래 있다(롬 5:12-14). 그러나 생명은 예수 그리스도를 믿음으로 말미암아 죄와 사망에서 자유하게 된다(롬 8:1-2). 그리스도로 말미암아 생명을 얻은 그리스도인은 그리스도의 종으로서 세상에서 이웃을 자신처럼 사랑함으로써 하나님의 뜻인 율법(torah)을 성취하게 되며(롬 13:8-10), 소망 중에 즐거워하며 살게 되고(롬 5:1-5), 교회의 일원으로서 고난과 환란 중에도 승리하게 된다(고전 15:54-58).

둘째, 요한에게서도 바울의 경우와 같이 '생명'은 기본적으로 '사망'과 대조되는 개념이며(요 5:24), 이중적, 곧 현세적(요 6:47) 의미와 내세적 의미(요 11:26)를 갖는다. 곧 '생명'은 단순히 내세적 구원뿐 아니라 현세에서 시작된 죄와 사망의 권세로부터 자유로운 삶을 내포한다. 특히 요한은 '생명'이시며 또한 '생명 수여자'이신 예수 그리스도를 은유로 표현한다. 곧 예수는 '생명의 떡'(요 6:35, 48)이요 '생명수'(요 4:10; 계 22:1)이며, '이기는 자'에게 '생명나무(계 22:2, 19)의 열매'(계 2:7)를 먹게 하며, '생명책'(계 3:5)에 기록된 그 이름을 지우지 않으실 분이시다.

셋째, 누가의 경우에 '생명'은 부활 신앙(눅 24:36-43; 행 2:22-36

등)으로 사는 그리스도인의 행실과 삶, 곧 윤리와 밀접하게 관련된 신학적 용례를 보여준다. 특히 재물과 관련하여 부활 신앙으로 사는 그리스도인에게 '탐욕에 대한 경고'(눅 12:13-15), '물신(物神) 금지'(눅 16:13), '재물 축적에 대한 경고'(눅 12:33-34), '재물의 올바른 사용'(눅 11:41; 16:9-12; 19:1-10; 행 2:44-47; 4:32-37), '소유 포기'(눅 14:33; 18:26-30; 행 5:1-6), '생명을 위한 이웃 사랑 행함과 회개'(눅 10:28; 행 11:18)가 요구된다. '생명의 주'(행 3:15)이신 예수 그리스도를 믿고 따르는 그리스도인은 '죽어도 산다는 것'을 믿는 부활 신앙으로써 세상과 현실에서 생명의 열매를 맺는 삶을 살아야 한다.

4. 신앙적·목회적 적용

신약성경의 '생명' 용어는 오늘날의 그리스도인에게 어떤 신앙적, 목회적 의미가 있는가? 생명의 신학적·해석학적 원리가 무엇인지를 요약하여 그 목회적 적용점을 다음과 같이 모색해 볼 수 있다.

첫째, '생명'은 단순히 생물학적, 자연적 생명이 아니라, 그 대립 개념인, 죄에 대한 형벌인 '죽음'에서 벗어난다는 점에서 구원론적이다. 그러므로 신약성서에서 생명은 음식물의 영양 공급만이 아니라 영(πνεῦμα)으로써 유지된다.

둘째, 구원론적인 신약성서의 '생명'은 사망 권세를 깨뜨리고 부활하신 예수 그리스도로 말미암는다. 이런 점에서 신약성서의 생명은 구원론적일 뿐 아니라 기독론적이다. 곧 생명의 근거가 예수 그리스도 안에 있으며, 부활하신 예수 그리스도 안에 사망 권세를 깨뜨린 생명이 있다. 바로 이 점이 유대교와 기독교의 생명 이해에서 가장 큰 차이점이다.

셋째, '생명'은 미래적일 뿐 아니라 현재적이며, 종말론적일 뿐 아니라 윤리적이다. 다시 말하면, 그리스도인의 생명은 자연적 생명이 마감되는 죽음의 시점에서 시작되는 피안적인 것이 아니라, 예수 그리스도를 믿음으로 말미암아 죄로부터 구원 받는 순간부터 시작되는 현세적이며, 이는 종말 이후로도 이어지는 영원한 생명이다.

고대 종교처럼 유대교와 기독교의 생명은 또 구약성경과 신약성경의 '생명'은 구원을 특징짓는 말이다. 신약성경의 '생명'은 다름 아닌 '예수 그리스도'이시며, 생명이신 하나님의 아들 예수 그리스도는 그를 믿는 자에게 '생명을 주시는 분'이시다. '생명을 주시는 분'은 하나님이신데, 인간의 죄로 말미암아 그 아들 예수 그리스도를 믿음으로 생명을 얻게 되므로, 예수 그리스도의 성육신 이후 하나님처럼 예수 그리스도 역시도 '생명 수여자'(life-giver)이다. 이는 기독론과 구원론에서 보여 주는 유대교와 기독교의 가장 큰 차이점이다. 신약성경이 증언하는 예수 그리스도, 그분은 유일한 '생명'이며, '생명을 찾는 자'에게 '생명을 주시는 분'이시다.

• 읽을 거리 •

장흥길. "생명 나눔의 성서신학적 근거 대기의 관점에서 바라본 신약성경에 나타난 생명". 『장신논단』 제30집(2007): 111-38.

Aland, Kurt & Aland, Barbara (Eds.). *Griechisch-Deutsches Wörterbuch zu den Schriften des Neuen Testaments und der frühchristlichen Literatur von Walter Bauer* ([6]1988). s.v. "ζωή". Sp. 430-32.

Bauer, Walter. Revised & Edited by F. W. Danker. *A Greek-English Lexicon of the New Testament and other Christian Literature* ([3]2000). s.v. "ζωή". 688-90.

Exegetisches Wörterbuch zum Neuen Testament II (1981). s.v. "ζῶ, ζωή". By L. Schottroff. Sp. 261-71.

Exegetisches Wörterbuch zum Neuen Testament I (1980). s.v. "βίος". By H.-J. Ritz. Sp. 525-26.

Smith, J. B. *Greek-English Concordance to the New Testament*. Scottdale: Herald Press, 1955. 162, 164.

Theologisches Wörterbuch zum Neuen Testament II (Studienausgabe 1990). s.v. "ζῶ, ζωή". By R. Bultmann. 833-43.

A GLOSSARY OF
THE NEW TESTAMENT

신약성경
용어해설집

13

신약성경의 '섬김'

διακονία

용어를 중심으로

가르침교훈 감사
거룩 경건 교회
기도 기쁨희락
동역 말씀 복음
사랑 생명 섬김
성경 세대영원 끝날
소망 율법 용서죄 사함
의 이방인 이웃
절제 종말나중 마지막 말세
하나됨 화해화목

마가복음 10:45

Καὶ γὰρ ὁ υἱὸς τοῦ ἀνθρώπου οὐκ ἦλθεν **διακονηθῆναι** ἀλλὰ **διακονῆσαι** καὶ δοῦναι τὴν ψυχὴν αὐτοῦ λύτρον ἀντὶ πολλῶν. 인자가 온 것은 **섬김**을 받으려 함이 아니라 도리어 **섬기려 하고** 자기 목숨을 많은 사람의 대속물로 주려 함이니라

요한복음 12:26

Ἐὰν ἐμοί τις **διακονῇ**, ἐμοὶ ἀκολουθείτω, καὶ ὅπου εἰμὶ ἐγὼ ἐκεῖ καὶ ὁ **διάκονος** ὁ ἐμὸς ἔσται· ἐάν τις ἐμοὶ **διακονῇ** τιμήσει αὐτὸν ὁ πατήρ. 사람이 나를 **섬기려면** 나를 따르라 나 있는 곳에 나를 **섬기는 자**도 거기 있으리니 사람이 나를 **섬기면** 내 아버지께서 그를 귀히 여기시리라

사도행전 1:25

Λλαβεῖν τὸν τόπον τῆς **διακονίας** ταύτης καὶ ἀποστολῆς ἀφ' ἧς παρέβη Ἰούδας πορευθῆναι εἰς τὸν τόπον τὸν ἴδιον. **봉사**와 및 사도의 직무를 대신할 자인지를 보이시옵소서 유다는 이 직무를 버리고 제 곳으로 갔나이다 하고

에베소서 4:11-12

Καὶ αὐτὸς ἔδωκεν τοὺς μὲν ἀποστόλους, τοὺς δὲ προφήτας, τοὺς δὲ εὐαγγελιστάς, τοὺς δὲ ποιμένας καὶ διδασκάλους, πρὸς τὸν καταρτισμὸν τῶν ἁγίων εἰς ἔργον **διακονίας**, εἰς οἰκοδομὴν τοῦ σώματος τοῦ Χριστοῦ, 그가 어떤 사람은 사도로, 어떤 사람은 선지자로, 어떤 사람은 복음 전하는 자로, 어떤 사람은 목사와 교사로 삼으셨으니 이는 성도를 온전하게 하여 **봉사의** 일을 하게 하며 그리스도의 몸을 세우려 하심이라

1. 들어가는 말

신구약성경에서 '섬김'은 '하나님의 사람'이 세상에서 신앙적인 삶을 영위하는 기본적인 '삶의 형태'(life-form)이며, 업적을 위한 행함으로부터 자유한 하나님의 자녀들이 '하나님과 더불어 사는 삶'을 묘사하는 한 표현이다. 곧 창조주 하나님에 의해 지음 받은 피조물일 뿐 아니라 그의 아들 예수 그리스도로 말미암아 구속, 곧 죄 사함을 받은 그리스도인이라면 마땅히 하나님과 함께 하는 삶을 살아야 하는데, '섬김'의 삶이야 말로 그러한 삶의 기본이 되는 삶의 양식이다.

초기 기독교인들이 공동체로 모였을 때에 그들은 다양한 문제에 직면하면서 다양한 섬김의 방식(예언, 사역, 가르침, 위로, 성실한 구제, 다스림 등)을 만들어냈다. 여기서 구원 받은 자의 행함은 무엇을 얻기 위한 일함이 아닌 이미 받은 것에 대한 '섬김'이었으며, 섬김을 받으려 함이 아니라 자기 목숨을 많은 사람의 대속물로 주어 섬김의 길을 가신 예수 그리스도의 섬김이 보여 주는 것처럼 다른 사람을 위해 구체적으로 실천되는 섬김이었다.

구약성경에서 '섬김'을 뜻하는 '아보다'(עבודה)와 '섬기는 사람'을 의미하는 '에베드'(עבד)에 해당하는 신약성경에 나타난 두 용어, '디아코니아'(διακονία)와 '디아코노스'(διάκονος)의 신약 권별 빈도(頻度)와 그 의미(2)를 살펴본 다음, 신약성경에 나타나는 '섬김'의 신학적 용례와 특성(3)을 밝히고, 그러고 나서 그에 따른 신앙적이며 목회적 적용점(4)을 찾고자 한다.

2. '섬김' 용어의 신약 권별 빈도와 의미

'섬김'과 관련된 헬라어 용어로는 διακ-를 어간(語幹)으로 삼아 형성된 세 가지 용어를 들 수 있다. 곧 동사형 '디아코네오'(διακονέω)와 명사형 '디아코니아'(διακονία) 및 '디아코노스'(διάκονος)가 그것이다.

동사형 '디아코네오'는 신약성경에서 모두 36회 등장하는데, 주로 공관복음과 사도행전에서 그 과반(21회)이 나타나며 바울서신에서는 8회만 등장한다.

그에 반해, '섬김'이나 '섬기는 직분'을 의미하는 명사형 '디아코니아'(διακονία)는 전체 빈도수 33회 중 복음서에서는 단 한 번(눅 10:40) 나타나고 주로 바울서신에서 반 이상(22회) 등장한다. 또 '섬기는 사람'을 의미하는 명사형 '디아코노스'(διάκονος) 역시 전체 빈도 29회 중 복음서에서 8회 나타나고, 대부분 바울서신(21회)에서 나타난다. 이처럼 '디아코니아'가 바울서신과 누가의 책에서만 나타나는 것은 이 용어가 선교 상황에서 사도들의 섬김과 깊이 연루되어 있기 때문이다.

3. '섬김' 용어의 신학적 용례와 특징

원래, 대중적 헬라어인 코이네에서 이 어군의 용어들은 '식탁 봉사'와 관련된 용어였다. 곧 '디아코네오'란 처음에는 '식탁 봉사를 위해 대기하다'는 의미를 지니고 있었다. 그러던 것이 나중에 '생계를 돌보다'는 뜻으로 그 의미가 전이(轉移)되었고, 결국에는 '섬기다'라는 일반적인 의미로 포괄적으로 사용되었다. 이와 마찬가지로 신약성경에서도

이 어군의 용어들은 기본적으로 세속적 용례와 같이 사용되었다. 다시 말하면, 이 어군에 속하는 단어들은 '식탁에서 시중들다'는 의미로 사용되었으며(마 22:13 등), 소유물로써 섬기는 '돌보며 돕다' 내지는 '공양하다'는 뜻으로도 사용되었고(눅 8:3 등), 그와 함께 일반적 의미인 '섬김'의 뜻으로 사용되었다. 그렇기는 하지만, 세속적 용례와 달리 신약의 경우, 예수 그리스도의 전체 사역(막 10:45 등)과 그에 관한 사도들의 선포(행 1:17 등)가 '섬김'으로 묘사되었다. 이러한 기독교적 용례는 이 용어가 '신앙 공동체 내 구제 행위'(행 6:1 등)나 '교회의 직분'(행 11:29 등)에 대해서 사용된 데서도 찾아볼 수 있다. 이러한 기독교적 용례를 계시사적 내지는 구속사적 단계에 따라 살펴보자.

먼저, 이 용어군의 용례의 기초는 예수 그리스도에게서 찾을 수 있다. 곧 신약의 '섬김' 용어군은 예수 그리스도의 선포와 활동에 그 근거를 두고 있다. 예수 그리스도(인자)께서 세상에 오신 것은 다름 아니라 섬기기 위함이었으며, 그 내용은 자신을 사람들의 대속물로 내주는 것이었다(막 10:45). 다시 말하면, 초기의 기독교에서 예수 그리스도의 전체 사역은 '섬김'으로 묘사되고 이해되었다.

바울은 예수의 지상 사역 전체를 '섬김'으로 이해하는 이러한 초기 교회의 입장을 수용하였다. 게다가 그는 스스로를 복음을 전하는 예수 그리스도의 '종'으로 여겼으며, 자신의 사역을 이중적 섬김으로 이해하였다. 그는 '예수 그리스도의 종'일 뿐 아니라, 그 분의 몸 된 '교회를 섬기는 일꾼'이었다(롬 11:13 등). 이 경우 바울의 '섬김'은 단지 복음을 전파하는 것만이 아니라 궁핍한 자를 돕는 구제나 자선 행위도 포함하였다(롬 12:7; 고전 16:15). 특히 바울은 이 봉사의 일을 위해 교회 안에 '집사' 직분을 세우기도 하였다(빌 1:1; 롬 16:1 등).

직분과 관련한 용례는 후기 바울서신에서 특징적으로 나타난다. 다시 말하면, '바울'(엡 3:7; 골 1:23, 25)과 그의 동역자(엡 6:21; 골 1:7; 4:7) 및 사도, 선지자, 복음 전도자, 목사, 교사와 같은 '직분자'(엡 4:12)들의 선포 행위는 바로 '섬김'으로 이해되었다. 에베소 교회에서 행한 오네시보로의 행위는 일반적 의미의 '봉사'로 묘사되었으며(딤후 1:18), 선교 활동을 하는 사도 바울과 디모데의 섬김은 '직분'(딤전 1:12; 4:6; 딤후 4:5)으로 언급되기도 하였다.

마가의 경우에 '섬김'은 높아지려 하는 제자에게 권고적으로 사용되었다(10:42-45). 즉 제자도의 핵심 주제인 섬김의 근거는 섬김의 행위로서 예수 그리스도의 십자가 죽음이다. 마태에서 섬김은 궁핍한 자들과 갇힌 자들을 돕는 것이며, 그것이 바로 예수를 섬기는 것이면서 최종적 구원에 참여하는 기준이다(25:44).

누가에게서 이 용어군은 다른 강세를 가진 신학적 의미로 사용되었다. 곧 다스리는 자는 섬기는 자이어야 한다(눅 22:26). 무엇보다도 사도행전에서 섬김은 말씀을 전하는 '사도적 사역'(1:17, 25; 6:4; 19:22; 20:24; 21:19 등)과 그와 함께 모금을 포함한 '가난한 자들에 대한 돌봄'(6:1-2; 11:29; 12:25 등)과 관련되어 있다.

요한의 경우 섬김은 제자도와 관련하여 나타나는데, 예수를 섬기는 자는 그를 따르는 자이다(12:26). 그 외 신약의 후기 문서들에서 이 용어군은 아주 일반적 의미에서 교회 내 '섬김'을 의미하거나(히 6:10; 계 2:19), 복음 선포 사역(벧전 1:12) 또는 구제나 자선과 관련된 '봉사'(벧전 4:11)를 가리킨다.

4. 신앙적·목회적 적용

위에서 밝힌 바, 신약성경에 나타난 διακ-줄기를 가진 용어의 신학적 용례와 특성에서 찾을 수 있는 신앙적·목회적 적용점을 다음과 같이 요약할 수 있다.

첫째, 기독교적 섬김의 근거는 전(全) 생애가 '섬김'으로 요약될 수 있는, 하나님 나라를 전하신 예수 그리스도의 선포와 활동이다.

둘째, 예수 그리스도를 따르는 모든 제자들에게 요구된 제자도, 곧 모든 그리스도인에게 요구된 선포와 활동의 성격 역시도 '섬김'이어야 한다. 이와 같이 그리스도인의 '삶의 형태'로서 하나님 나라와 예수 그리스도를 '전하는 것'과 '섬기는 것'은 불가분의 성격을 지니고 있다. 하나님 나라를 세상 속으로 가지고 오신 예수 그리스도를 '전함'과 '섬김'은 동전의 양면(兩面)과 같이 분리될 수 없는 하나이다.

셋째, 기독교적 섬김의 내용은 복음을 전하는 선포뿐만이 아니라 구제를 포함한 모든 활동을 포함하고 있다. 그러므로 그리스도인의 섬김은 선포적 전도뿐 아니라 모든 행위적 활동을 포함하는 포괄적 섬김이어야 한다.

• 읽을 거리 •

Bauer, Walter. *Wörterbuch zum Neuen Testament*. 6th. (Eds.) Kurt & Barbara Aland. Berlin WdeG, 1988. "διακονέω, διακονία, διάκονος". Sp. 368-70.

Exegetisches Wörterbuch zum Neuen Testament I(1980). s.v. "διακονέω, διακονία, διάκονος". By A. Weiser. Sp. 302-04.

Smith, J. B. *Greek-English Concordance to the New Testament*. Scottdale: Herald Press, 1955. 83-84.

Theologisches Wörterbuch zum Neuen Testament II (Studienausgabe 1990). s.v. "διακονέω, διακονία, διάκονος". By H. W. Beyer. 81-93.

A GLOSSARY OF
THE NEW TESTAMENT

신약성경
용어해설집

14

신약성경의 '성경'

γραφή, γράφω

용어를 중심으로

사도행전 17:2-3

Κατὰ δὲ τὸ εἰωθὸς τῷ Παύλῳ εἰσῆλθεν πρὸς αὐτοὺς καὶ ἐπὶ σάββατα τρία διελέξατο αὐτοῖς ἀπὸ τῶν **γραφῶν**, διανοίγων καὶ παρατιθέμενος ὅτι τὸν χριστὸν ἔδει παθεῖν καὶ ἀναστῆναι ἐκ νεκρῶν καὶ ὅτι οὗτός ἐστιν ὁ χριστὸς [ὁ] Ἰησοῦς ὃν ἐγὼ καταγγέλλω ὑμῖν. 바울이 자기의 관례대로 그들에게로 들어가서 세 안식일에 **성경**을 가지고 강론하며 뜻을 풀어 그리스도가 해를 받고 죽은 자 가운데서 다시 살아나야 할 것을 증언하고 이르되 내가 너희에게 전하는 이 예수가 곧 그리스도라 하니

갈라디아서 3:8

Προϊδοῦσα δὲ ἡ **γραφὴ** ὅτι ἐκ πίστεως δικαιοῖ τὰ ἔθνη ὁ θεὸς, προευηγγελίσατο τῷ Ἀβραὰμ ὅτι ἐνευλογηθήσονται ἐν σοὶ πάντα τὰ ἔθνη· 또 하나님이 이방을 믿음으로 말미암아 의로 정하실 것을 **성경**이 미리 알고 먼저 아브라함에게 복음을 전하되 모든 이방인이 너로 말미암아 복을 받으리라 하였느니라

디모데전서 3:16-17

Πᾶσα **γραφὴ** θεόπνευστος καὶ ὠφέλιμος πρὸς διδασκαλίαν, πρὸς ἐλεγμόν, πρὸς ἐπανόρθωσιν, πρὸς παιδείαν τὴν ἐν δικαιοσύνῃ, ἵνα ἄρτιος ᾖ ὁ τοῦ θεοῦ ἄνθρωπος, πρὸς πᾶν ἔργον ἀγαθὸν ἐξηρτισμένος. 모든 **성경**은 하나님의 감동으로 된 것으로 교훈과 책망과 바르게 함과 의로 교육하기에 유익하니 이는 하나님의 사람으로 온전하게 하며 모든 선한 일을 행할 능력을 갖추게 하려 함이라

1. 들어가는 말

종교개혁의 핵심 사상을 대변하는 표어로는 '오직 성경으로만'(sola scriptura), '오직 그리스도만'(solus Christus), '오직 믿음으로만'(sola fide), '오직 은혜로만'(sola gratia), '오직 하나님께 영광'(soli Deo gloria)을 들 수 있다. 이런 가치들의 모든 중심에는 만물의 근원이요 본질인 하나님의 말씀으로 되돌아가야 한다는 것이 있었고, 그래서 그 권위의 근거는 오직 성경으로만에 있다고 할 수 있다. 종교개혁자 루터가 복음을 발견한 것은 성경을 연구함으로 된 것이었다. 그는 성경 연구를 통하여 하나님의 의와 복음 사이의 신비를 캐내었으며, 그 시대를 향한 하나님의 뜻을 명확하게 이해했다.

철저하게 하나님의 말씀에 사로잡힌 그의 양심은 어둠에 묻혔던 진리를 빛 가운데로 이끌어 내었으며 제한되었던 하나님의 말씀이 누구에게나 진리로 들려질 수 있게 했다. 곧 당시 성직자들의 전유물이었던 성경이 일반 대중의 것이 되게 하였고 일반 대중이 직접 성경을 읽으면서 하나님의 지혜와 능력을 경험하게 하여 날마다 주님의 말씀과 동행할 수 있는 말씀의 시대가 열리게 되었다.

이러한 의미에서 오늘날에도 하나님의 말씀이 결정적인 삶의 근거가 되는지를 되물으면서 신약성경에서 '성경'은 무엇을 말하며, 그것은 초기 기독교인들에게 어떤 의미가 있었고, 이는 현대 교회와 신학에 어떤 관련 의미가 있는지, 또 올바른 성경의 해석 방법은 무엇인지에 대하여 해명이 필요하다.

이제 앞에서 제기한 질문에 대답하기 위해 신약성경에 나타나는 '성경' 용어에 해당되는 헬라어 γραφή, γράφω 용어의 신약 권별 빈도

(頻度)와 사전적 의미(2)를 살펴보고, 그 신학적 용례와 특징(3)을 조사한 다음, 신학적·목회적 적용점(4)을 찾아보고자 한다.

2. '성경' 용어의 신약 권별 빈도와 의미

먼저, 명사형 '성경'(γραφή)이 유래되어 나온 동사형 '쓰다'(γράφειν)는 신약성경에서 192회 나타나는 빈도수가 아주 높은 단어로 복음서와 사도행전과 바울서신에서는 대부분 수동태로, 공동서신과 요한계시록에서는 주로 능동태로 사용되었다. 그것도 고전 헬라어나 헬라 세계에서 일반적인 용법인 '쓰다'나 '새기다'의 의미만이 아니라 성경의 권위나 효력을 묘사하기 위해 '기록된 바'의 뜻으로 '완료수동직설'(γέγραπται)이나 '완료수동분사'(γεγραμμένον)로 사용되었다. 전자(前者)의 형태는 주로 공관복음서와 사도행전, 바울서신에, 후자(後者)의 형태는 특히 요한복음에서 자주 나타난다.

명사형인 '성경'은 신약 전체에서 51회 등장하는데, 후기 바울서신과 히브리서, 요한서신과 요한계시록을 제외한 각 책에 골고루 나타난다. 곧 바울서신과 요한복음에 각 12회, 누가-행전에 11회, 마가와 마태복음에서 각 4회 등장한다. 또 단수형(γραφή)이나 복수형(γραφαί)이 대부분 의미상 구분 없이 동의어로 사용되며, 성경 외에 다른 문헌을 지칭하지 않고, 오직 성경만을 가리키는 전문 용어로 때로는 전체 성경이나 성경의 개별 본문 단락을 의미하기도 한다.

신약성경에서 언급하는 '성경'은 자명하게 '히브리 성경', 기독교적

어법으로는 '구약성경'을 가리키는데, 물론 그것은 오늘날 유대교인이 사용하는 히브리 성경 '타나크'(tanak)는 아니다. 율법서(torah), 예언서(nebiim), 성문서(Kethubiim)로 구분된 히브리 성경은 주후 90년 얌니아(Jamnia) 회의에서 비로소 결정되었다. 신약성경에서 성경은 히브리 성경의 헬라어 번역본인 칠십인역(LXX)일 수 있다. 그것은 누가-행전에서는 "(주의) 율법"(눅 2:23; 10:26), "모세의 율법과 선지자의 글과 시편"(눅 24:44), "시편"(행 1:20), "선지자의 책"(행 7:42), "시편 둘째 편"(행 13:33) 등으로 나타난다.

3. '성경' 용어의 신학적 용례와 특징

신약성경에서 '성경'의 신학적 용례에 대하여 예수, 바울, 공관복음서 저자, 요한, 기타 저자의 경우로 나누어 살펴보자.

1) 예수는 율법의 계명, 특히 십계명을 형식적으로 준수하며 외식하는 유대교인들에 대해 당시 유대교인들이 '성경으로서 성경'에 호소했던 것과 다르게, 급진적인 '원수 사랑'(마 5:43-48)을 요구하셨는데, 이때 그는 '성경'이 아니라 '하나님의 뜻'에 호소하셨다. 이는 예수 자신이 시편 2편에 언급된 '하나님의 아들'이며, 이사야 53장에 언급된 '대속(代贖)적으로 고난 받는 종으로서 메시아'라는 자의식(自意識)을 가지고 '성경'을 유형론(類型論)적으로 이해하였기 때문이다. 예수는 단순한 하나님 나라의 '선포자'가 아니라 그것을 가지고 오는 '운반자'이시며 그분 안에 하나님 나라가 있는 '담지(擔持)자'이시다.

이런 점에서 예수는 자신 안에서 '성경'의 성취를, '성경'에 대한 비판과 함께 변증법적으로 이해하였다. 바로 이점이 유대교와 기독교의 성경관 사이의 핵심적인 차이점이며, 기독교인에게 '구약'으로 이해된 '히브리 성경' 외에 '신구약성경'이 기독교의 성경으로서 인정받을 수 있는 근거이다.

2) 예수를 만나고 회심한 이후 바울은 그리스도 중심적인 성경관으로 성경을 이해하였으며, 선교 현장에서 서신을 쓰면서 칠십인역을 인용하며, 예수 그리스도를 내용으로 하는 복음을 가르쳤다. 이런 점에서 바울이 '성경'인 '율법'을 가르치는 율법론은 '율법 자체론'이 아니라 '율법과 그리스도의 관계론'이었으며, 그는 자신이 배웠던 랍비적 주석 방법에서 할라카적 주석 대신 학가다적 미드라쉬 주석을 사용하여 예수 그리스도를 전하였다(예. 롬 10:5-10).

심지어 갈라디아서에서 바울은 '성경'과 '율법'을 구분하면서, '성경'은 '하나님의 약속'이란 점에서 '복음'이지만(3:8), '율법'은 범법하므로 더하여진 것으로, 약속한 자손이 오시기까지 천사들을 통하여 한 중보자의 손으로 베푸신 것(3:18)이라고 하였다. 이런 점에서 성경은 일차적으로 예수를 믿는 자에게 약속이 임하는 그리스도 사건에 속해 있다(갈 3:22).

율법에 대하여 갈라디아서에서보다 좀 더 긍정적인 입장을 보이는 로마서에서 바울은 '성경'을 선지자들을 통해 주신 하나님의 '약속'으로 이해하며, 예수 그리스도를 이 약속이 이루어진 "하나님의 복음"으로 소개한다(1:1-2). 그러나 바울은 율법과 선지자들의 증거를 받은 것으로서 율법 외에 '하나님의 의'로 나타난 예수 그리스도를 언급한다

(3:21). 이로써 예수와 마찬가지로 바울의 경우에도 '성경'을 '옛 약속'으로 이해하는 성경관뿐 아니라 '새로운 약속'으로서 신약성경도 성경에 포함되는 기독교의 성경관이 나타난다.

3) 공관복음서 저자들은 기본적으로 '성경'을 그리스도와의 관계 안에서, 곧 예수 그리스도를 '(구약)성경'에 나타난 약속의 성취로 이해하였다. 복음서 중 가장 '복음'(εὐαγγέλιον) 용어가 많이 나타나는 마가의 경우, 그 서두(1:1-3)에서 예수 그리스도는 '하나님의 아들'이며, 선지자 이사야의 글에 약속된 '복음'이다. 마가는 예수 그리스도의 공생애 활동을 '성경' 기록의 성취로 이해하며, 그리스도 사건을 '성경'을 인용하여 증명한다(9:12-13; 12:10, 24; 14:21, 27).

마태는 마가보다 더 "이는 주께서 선지자를 통하여 하신 말씀을 이루려 하심이라"(ἵνα πληρωθῇ τὸ ῥηθὲν ὑπὸ κυρίου διὰ τοῦ προφήτου λέγοντος) 공식문과 함께 '회상 인용문'(성취 인용문)을 사용하여 그리스도 사건을 '성경'이 성취된 사건으로 이해한다(1:23; 2:6, 15, 18, 23; 4:15-16, 8:17; 12:18-21; 13;35; 21:5; 27:9-10). 무엇보다 산상설교의 주제 단락(5:17-20)에서 마태는 예수 그리스도께서 "율법이나 선지자", 곧 '성경'을 폐하는 자가 아니라 완전하게 하는 분이심을 말한다(5:17). 마태는 더 나아가 예수를 '더 나은 의'(5:20)를 제시한 분으로 말한다.

누가는 예수께서 나사렛 회당에서 공적인 삶을 시작하면서 선포한 '공생애 등장설교'(4:16-30)에서 이사야서의 '메시아 예언'(61:1-2)이 이루어졌음(4:21)을 알릴 뿐 아니라, 십자가 사건 이후에 실의에 차서 엠마오로 향하여 가던 두 제자 앞에 나타나 자신이 '성경'의 해석자임을 밝힌다(24:25-26, 32, 44-47).

나아가 누가는 사도행전에서 십자가 현장에서 예수를 부인했던 사도들을 변화시킨 성령 강림이 '성경'의 예언이 성취되는 것이라는 점(1:16)과, 성령께서 주도하시는 선교 현장에서 '성경'이 예수께서 그리스도이심을 증언한다고 밝힌다(17:2-3). 그렇기는 하지만, 다른 복음서 저자들처럼 누가도 할례나 정결법 등 당시 권위를 가지고 있던 성경의 제의적 율법 규정이 무효함을 말함으로써 성경의 '권위'와 '무효'가 긴장 관계 안에 있음을 밝히며, 양자의 관계를 예수 그리스도로 말미암아 변증법적으로 이해한다.

4) 요한복음의 경우도 예수 그리스도는 '성경'을 성취하시는 분이시다. 이는 요한복음에서 네 번 등장하는 "성경을 응하게 하려는 것이니라"(ἵνα ἡ γραφὴ πληρωθῇ) 공식문과 함께 사용되는 성취 인용문에서 나타난다(13:18; 17:12; 19:24, 36). 요한의 경우 주목할 만한 것은 오직 그리스도를 믿는 믿음 안에서만 올바른 '성경' 이해가 가능하며(12:38-40), 만약에 그를 믿지 않는 자는 '성경'을 오해한 것이라는 점이다(7:42). 요한의 경우 예수의 권위는 성경의 권위와 함께 한다.

5) 복음서 외에 '성경'의 성취에 대하여 언급하는 책은 오직 야고보서인데, 여기서 창세기 15:6이 인용되었다. "아브라함이 믿음으로 의롭다 여김을 받았다"는 구절을 바울이 기독론적 이신칭의와 관련지은 것(롬 4:1-22; 갈 3:6-9)과 다르게, 야고보는 유대교의 창세기 해석과 오해된 바울주의(paulinism)에 맞서 '아브라함의 믿음'을 '행함이 있는 믿음'이었다는 것을 밝힌다(2:21-26). 곧 야고보는 아브라함의 행위를 통해 하나님의 말씀이 실현된다고 한다.

6) 신약의 후기 문헌인 히브리서에서는 '성경'에 대한 다양한 인용과 '성경'에 근거를 둔 주석들을 찾아볼 수 있기는 하지만, '성경'(γραφή) 용어는 등장하지 않는다.

4. 신앙적·목회적 적용

신약성경에서의 '성경'의 신학적 용례와 특징이 어떻게 오늘의 그리스도인에게 어떤 신앙적이며 목회적으로 적용될 수 있는지를 요약하여 다음과 같이 나타낼 수 있다.

첫째, 신약성경의 '성경'은 기본적으로 하나님의 약속이며, 그것은 예수 그리스도 안에서 성취되었다. 곧 신약성경 안에서 찾아볼 수 있는 '성경'은 기독론적이다.

둘째, 신약성경에서 '성경'은 예수 그리스도 안에서 시작된 구원이 마지막 때 실현되는 종말론적 하나님의 말씀이다. 곧 기독교 공동체는 쿰란 공동체처럼 구약의 종말론적 구원 메시지를 자신에게 적용하여 현재화한 공동체이다. 그렇지만 기독교 공동체는 현재화된 종말론적 구원이 폐쇄적 신앙 공동체에 국한된 것이 아니라 열방을 향해 열려 있는 개방적 신앙 공동체라는 점에서 쿰란 공동체와 구별된다.

셋째, 신약성경에서 '성경'은 예수 그리스도 안에서 성취된 하나님의 종말론적 구원의 관점에서 '성경'(구약)의 권위 존속과 유효성과 함께, 할례나 정결법 등이 효력을 잃는 '성경'의 권위 폐지와 무효성이 변증법적 긴장 관계에 있다. 이점에서 유대교의 성경관과 기독교의 성경관은 구별되며, 차별성을 갖는다.

넷째, 신약성경에서 '성경'은 예수 그리스도를 통한 이해가 전제되어 있다. 이점에서 기독교의 성경인 '신구약전서'는 그 자체에서 성경해석의 기준인 예수 그리스도가 전제되어 있다.

이런 맥락에서, 종교개혁자들은 올바른 기독교의 성경해석관을 '성경은 그 자체의 해석자이다'(scriptura sacra sui ipsius interpres)라고 말할 수 있었다. 엄밀하게 말하면 성경의 해석자는 성경을 자신의 해석 대상으로 삼아, 자신의 지식과 이성과 경험 등으로 해석하는 해석의 '주체'(subject)가 아니라, 성경 자체가 말하는 하나님의 뜻을 듣는 '객체'(object)이다. 성경의 해석은 성경이 한다. 곧 성경이 성경 해석의 주체이다. 이런 점에서 슈툴마허(P. Stuhlmacher)가 언급한 것처럼 올바른 성경해석학은 성경에서 말씀하시는 하나님의 뜻을 듣는 '청취(聽取)의 해석학'이며, 그것에 동의하며 따르는 '동의(同意)의 해석학'(Hermeneutik des Einverständisses)이다.

이와 같이 오늘날 한국교회에서 성경을 해석하는 경우에 '성경 해석의 주객 문제'를 올바르게 인식하는 것이 절실하게 요구된다. "성경은 그 자체의 해석자"라는 종교개혁자들의 외침은 여전히 되새김질해야 할 개혁 신앙적 유산이다.

• 읽을 거리 •

Aland, Kurt & Aland, Barbara (Eds.). *Griechisch-Deutsches Wörterbuch zu den Schriften des Neuen Testaments und der frühchristlichen Literatur von Walter Bauer* ([6]1988). s.v. "γραφή, γράφω". Sp. 331-34.

Bauer, Walter. Revised & Edited by F. W. Danker. *A Greek-English Lexicon of the New Testament and other Christian Literature* ([3]2000). s.v. "γραφή, γράφω". 267-68.

Exegetisches Wörterbuch zum Neuen Testament I(1980). s.v. "γραφή, γράφω". By Hans Hübner. Sp. 628-38.

Smith, J. B. *Greek-English Concordance to the New Testament*. Scottdale: Herald Press, 1955. 74-75.

Theologisches Wörterbuch zum Neuen Testament I(Studienausgabe 1990). s.v. "γραφή, γράφω". By Albrecht Oepke. 742-61.

A GLOSSARY OF
THE NEW TESTAMENT

신약성경
용어해설집

15

신약성경의 '세대'
(영원, 끝날)

αἰών

용어를 중심으로

가르침[교훈] 감사
거룩 경건 교회
기도 기쁨[희락]
동역 말씀 복음
사랑 생명 섬김
성경 세대[영원 끝날]
소망 율법 용서[죄 사함]
의 이방인 이웃
절제 종말[나중 마지막 말세]
하나 됨 화해[화목]

마태복음 28:20

Διδάσκοντες αὐτοὺς τηρεῖν πάντα ὅσα ἐνετειλάμην ὑμῖν· καὶ ἰδοὺ ἐγὼ μεθ' ὑμῶν εἰμι πάσας τὰς ἡμέρας ἕως τῆς συντελείας τοῦ **αἰῶνος**. 내가 너희에게 분부한 모든 것을 가르쳐 지키게 하라 볼지어다 내가 세상 **끝날까지** 너희와 항상 함께 있으리라 하시니라

로마서 11:36

Ὅτι ἐξ αὐτοῦ καὶ δι' αὐτοῦ καὶ εἰς αὐτὸν τὰ πάντα· αὐτῷ ἡ δόξα εἰς τοὺς **αἰῶνας**, ἀμήν. 이는 만물이 주에게서 나오고 주로 말미암고 주에게로 돌아감이라 그에게 영광이 **세세에** 있을지어다 아멘

디모데전서 6:17

Τοῖς πλουσίοις ἐν τῷ νῦν **αἰῶνι** παράγγελλε μὴ ὑψηλοφρονεῖν μηδὲ ἠλπικέναι ἐπὶ πλούτου ἀδηλότητι ἀλλ' ἐπὶ θεῷ τῷ παρέχοντι ἡμῖν πάντα πλουσίως εἰς ἀπόλαυσιν, 네가 이 **세대**에서 부한 자들을 명하여 마음을 높이지 말고 정함이 없는 재물에 소망을 두지 말고 오직 우리에게 모든 것을 후히 주사 누리게 하시는 하나님께 두며

히브리서 13:8

Ιησοῦς Χριστὸς ἐχθὲς καὶ σήμερον ὁ αὐτὸς καὶ εἰς τοὺς **αἰῶνας**. 예수 그리스도는 어제나 오늘이나 **영원토록** 동일하시니라

1. 들어가는 말

구약성경에서 '세대'를 의미하는 '도르'(דור)가 '시간' 개념이자 동 시대에 함께 사는 '사람'과 결부된 용어인 것처럼, 신약성경에서도 '세대'에 해당하는 헬라어 '게네아'(γενεά) 용어 역시 시간과 사람이 관련되어 있는 용어이다. 그렇기는 하지만, 신약성경에서 '세대'의 경우 '게네아'보다는 '아이온'(αἰών) 용어가 영원, 끝날 등을 포함한 신학적인 의미를 나타내기 위해 사용되었다.

신약성경에서 이 용어는 시간 개념으로 사용되었지만, 시간과 관련된 '세대'의 의미로 사용되었고, 보다 신학적으로는 신론적, 기독론적, 종말론적, 윤리적인 용례를 보여준다. 그러므로 신학적인 '세대'(영원, 끝날) 개념을 파악하려면 '아이온' 용어에 대하여 그 신약 각권별 빈도(頻度)와 의미(2)를 살펴봄으로써, 신약성경에 나타나는 '세대'의 신학적 용례와 특징(3)을 밝히고, 이 용어의 신앙적·목회적 적용점(4)을 찾아야 한다.

2. '세대(영원, 끝날)' 용어의 신약 권별 빈도와 의미

신약성경에서 '아이온'은 100여 번 등장하는데, 데살로니가서, 빌레몬서, 야고보서, 요한삼서를 제외한 모든 책에서 나타난다.

일부 문서에서는 이 용어가 단지 전치사와 함께 전치사구로만 사용되는데, 요한의 문서와 베드로전서에서는 단지 전치사 εἰς나 ἐκ와 함께 대개 εἰς τοὺς αἰῶνας τῶν αἰώνων(세세 무궁하도록), εἰς τὸν αἰῶνα(세세토록)나 ἐκ τοῦ αἰῶνος(창세 이후로) 형태로 사용되며, 사도행전에서는 ἀπό와 함께 ἀπ' αἰῶνος(영원 전부터) 형태로 나타난다.

3. '세대' 용어의 신학적 용례

신약성경의 저자가 사용한 '아이온' 용어는 원래 기독교 이전의 헬라 세계에서 사용되던 용어였다. 헬라 세계에서 사용된 이 용어의 용례의 경우 고전 그리스 철학과 헬레니즘의 용례가 조금 다르게 차이가 난다.

고대 그리스의 자연 철학자들(Heraclitus, Empedocles 등)은 '아이온'을 '시간'과 '존재'가 결부된 개념으로 이해하였다. 곧 '크로노스'(χρόνος)가 시간 자체를 가리킨다면, '아이온'은 어떤 존재에 주어진 시간에 대해 사용된 개념이었다. 플라톤(Platon)의 경우 '아이온'이 '보이지 않는 세계의 영원'을 의미하는 반면, '크로노스'는 '가시적 세계의 시간'을 가리켰다. 그 후 헬레니즘 시대에 이르러 이 용어는 페르시아의 영향을 받아 종교적 의미를 가지게 되어, '영원한 신(神)'으로 인격화된 개념으로 사용되기도 하였다.

이런 헬라적 배경을 지닌 신약성경의 '아이온'은 크게 구분하여 세 가지 용례를 보여준다. 곧 '아주 긴 시간'이나 '영원', '세상의 시간'이나 '세상(세대)', '인격화된 세상'이 그것이다.

첫째, '아이온'은 과거와 관련된 '아주 긴 시간'이나 미래와 관련된 '긴 시간' 내지는 '영원'을 의미한다. 과거와 관련된 용례는 '예부터(ἀπ' αἰῶνος)'(눅 1:70)나 '창세 이후로(ἐκ τοῦ αἰῶνος)'(요 9:32) 등의 표현에서 찾아볼 수 있다. 또 미래와 관련하여는 무한히 긴 시간인 '영원'의 의미로 사용되기도 하였다. 이는 주로 찬가적 송영(誦詠)에서 나타나는데, 영원을 강조하기 위해 단수('영원히'[εἰς αἰῶνα], 유 13) 대신 복수('영원토록'[εἰς τοὺς αἰῶνας τῶν αἰώνων], 히 13:8)를 쓰기도 하고, 단수의 이중 형태('영원토록'[εἰς τὸν αἰῶνα τοῦ αἰῶνα], 히 1:8)나 복수의 이중 형태('세세 무궁토록'[εἰς τοὺς αἰῶνας τῶν αἰώνων], 벧전 4:11; 5:11 등)로 사용하기도 하였다.

때로는 이 용어가 하나님과 함께 사용되어 '영원한' 하나님의 속성을 표현하기도 하였는데, 디모데전서에 나타나는 '영원하신 왕'(ὁ βασιλεὺς τῶν αἰώνων, 1:17)의 경우가 그러하다. 이는 하나님을 '영존하시며 살아계시는 분'으로 묘사하는 구약성경(창 6:3; 신 5:23; 사 40:28; 시 89:2 등)과 전승사적으로 관련되어 있다. 신약의 저자들은 구약과 초기 유대교에서 이러한 하나님의 영원성을 수용하여 예수 그리스도에게 적용함으로써 그리스도의 선재(先在)와 신성(神性)을 보이고자 하였다.

둘째, 신약성경에서 '아이온'은 '영원' 외에도 '길지만 한정된 세상의 시간'이란 의미로 사용되기도 하였다. 예를 들면 마태복음에서 자주 발견되는 '세상 끝날까지'(συντέλεια τοῦ αἰῶνος)라는 종말론적 어구에서 '아이온'(마 13:39, 40, 49; 24:3; 28:20 등)은 '세상에서 시종(始終)이 있는 긴 시간', 곧 '끝날'을 의미한다. 이와 같이 이 용어는 공간적인 '세상' 그 자체나 시간적인 '세대'의 의미로 전이(轉移)되어 사용되기도 하였다.

우선, 영역적 의미의 '세상'은 하나님께서 그 아들로 말미암아 지으신 '세계'(히 1:2)나 '세상의 염려'(막 4:19) 또는 '세상의 지혜'(고전 1:20) 같은 표현에서 찾아볼 수 있다. 그리고 시간적 의미의 '세대'는 예수 그리스도로 말미암아 구분되는 '옛 시대'와 '새 시대'라는 '두 세대'와 관련된 구절에서 자주 발견된다(마 12:32; 막 10:30; 갈 1:4; 딤전 6:17 등). 현 '세대'는 종말이 이르기 전 이 세상의 시간이며, 다가올 시간은 현세와 이어지는 새로운 시대로, 공간적으로는 '새 하늘과 새 땅'(계 21장)으로, 시간적으로는 '새로운 시대'로 표현되는 '하나님의 나라'이다. 신약성경의 '두 세대' 사상은 구약과 초기 유대교의 묵시에서 유래되었지만, 예수께서 전하신 하나님 나라의 특징인 '선취적 종말론'이라는 점에서 세상의 종말 이전에 그리스도로 말미암아 '옛 시대'와 '새 시대'가 공존하게 되었다는 점에서 그것과 차이가 있다.

셋째, 헬라 세계에서 이 용어는 '영원한 신'으로 인격화되었는데, 신약성경의 '아이온'도 드물게 '인격화된 세상'을 나타내기도 한다. 곧 이 용어는 '공중 권세 잡은 자' 또는 '불순종의 아들'의 영이 역사하는 '인격화된 세상'을 표현하기도 한다(엡 2:2).

4. 신앙적·목회적 적용

신약성경에서 '아이온' 용어가 사용된 신학적 용례에서 찾을 수 있는 신앙적·목회적 적용점은 다음과 같이 요약된다.

첫째, 신약성경에서 '아이온'은 하나님의 영원하심을 표현하는 신론

(神論)적 용례를 보여준다. 곧 하나님은 영존하시며 살아 역사하신다.

둘째, 이 용어는 영원성이 하나님뿐 아니라 예수에게 확장되어 선재(先在) 기독론의 용례로도 사용되었다. 하나님처럼 그리스도 역시 영원히 찬양받으실 분이시다(롬 11:36).

셋째, 이 용어는 '두 세대', 곧 시간적으로는 '이 세대'와 '다가올 세대', '옛 시대'와 '새 시대'로 구분되며, 구원론적으로는 예수 그리스도를 믿음으로 말미암아 현세에서 '새 시대'에 참여하는 선취(先取)적 종말론과 관련되어 사용되었다.

넷째, 이러한 종말론적 관점에서, '아이온'은 두 시대가 공존하는 현세에 살고 있는 그리스도인에게 '옛 시대'를 벗어버리고 '새 시대'로 옷 입을 것을 요구하는 윤리적 용례로도 사용되었다.

그러므로 성도들은 주 예수 그리스도로 옷 입고(롬 13:11-14), 유혹의 욕심을 따라 썩어져 가는 구습을 따르는 '옛 사람'을 벗어버리고 의와 진리의 거룩함으로 '새 사람'을 입어야 하며(엡 5:22-24), 하나님의 전신갑주를 입고 '어둠의 세상 주관자들과 하늘에 있는 악한 영들'에 대항하여 싸워야 한다(엡 6:10-20).

• 읽을 거리 •

Aland, Kurt & Aland. *Griechisch-deutsches Wörterbuch zu den Schriften des Neuen Testaments und der frühchristlichen Literatur von Walter Bauer* ([6]1988). s.v. "αἰών". Sp. 51-54.

Exegetisches Wörterbuch zum Neuen Testament I (1980). s.v. "αἰών". By H. Balz. Sp. 105-15.

Smith, J. B. *Greek-English Concordance to the New Testament.* Scottdale: Herald Press, 1955. 165.

Theologisches Wörterbuch zum Neuen Testament I (Studienausgabe 1990). s.v. "αἰών". By H. W. Sasse. 197-209.

A GLOSSARY OF
THE NEW TESTAMENT

신약성경
용어해설집

16

신약성경의 '소망'

ἐλπίς

용어를 중심으로

누가복음 6:34-35

Καὶ ἐὰν δανίσητε παρ' ὧν **ἐλπίζετε** λαβεῖν, ποία ὑμῖν χάρις [ἐστίν]; καὶ ἁμαρτωλοὶ ἁμαρτωλοῖς δανίζουσιν ἵνα ἀπολάβωσιν τὰ ἴσα. πλὴν ἀγαπᾶτε τοὺς ἐχθροὺς ὑμῶν καὶ ἀγαθοποιεῖτε καὶ δανίζετε μηδὲν **ἀπελπίζοντες**· καὶ ἔσται ὁ μισθὸς ὑμῶν πολύς, καὶ ἔσεσθε υἱοὶ ὑψίστου, ὅτι αὐτὸς χρηστός ἐστιν ἐπὶ τοὺς ἀχαρίστους καὶ πονηρούς. 너희가 받기를 **바라고** 사람들에게 꾸어 주면 칭찬 받을 것이 무엇이냐 죄인들도 그만큼 받고자 하여 죄인에게 꾸어 주느니라 오직 너희는 원수를 사랑하고 선대하며 아무 것도 **바라지 말고** 꾸어 주라 그리하면 너희 상이 클 것이요 또 지극히 높으신 이의 아들이 되리니 그는 은혜를 모르는 자와 악한 자에게도 인자하시니라

로마서 8:24-25

Τῇ γὰρ ἐλπίδι ἐσώθημεν· ἐλπὶς δὲ βλεπομένη οὐκ ἔστιν ἐλπίς· ὃ γὰρ βλέπει τίς ἐλπίζει; εἰ δὲ ὃ οὐ βλέπομεν ἐλπίζομεν, δι' ὑπομονῆς ἀπεκδεχόμεθα. 우리가 **소망**으로 구원을 얻었으매 보이는 **소망**이 **소망**이 아니니 보는 것을 누가 바라리요 만일 우리가 보지 못하는 것을 바라면 참음으로 기다릴지니라

빌립보서 1:20

Κατὰ τὴν ἀποκαραδοκίαν καὶ **ἐλπίδα** μου, ὅτι ἐν οὐδενὶ αἰσχυνθήσομαι ἀλλ' ἐν πάσῃ παρρησίᾳ ὡς πάντοτε καὶ νῦν μεγαλυνθήσεται Χριστὸς ἐν τῷ σώματί μου, εἴτε διὰ ζωῆς εἴτε διὰ θανάτου. 나의 간절한 기대와 **소망**을 따라 아무 일에든지 부끄러워하지 아니하고 지금도 전과 같이 온전히 담대하여 살든지 죽든지 내 몸에서 그리스도가 존귀하게 되게 하려 하나니

1. 들어가는 말

신구약성경에서 하나님의 사람에게 요구되는 '믿음'에서 '소망'은 결코 배제될 수 없는 기본적인 신앙 덕목으로 나타난다. 구속사(救贖史)의 관점에서 그리스도인은 '약속'과 '성취'의 중간기에 놓여 있는 존재이기 때문이다.

인간은 본래 현세의 삶에 쉽게 빠지며 내일을 모르고 살아가는 존재이다. 그러나 하나님께서는 믿음을 가진 그리스도인들이 그러한 현세의 삶에 빠져 지내는 것을 원하지 않으신다. 하나님은 그리스도인들이 현세의 삶의 본질을 깨닫고 하나님의 나라를 소망하게 하신다. 그리하여 그리스도인은 더 나은 본향을 향하여 가는 자로서 썩어질 육체의 장막이 무너지면 새롭고 영원한 영광의 장막을 덧입을 것이라는 약속의 소망을 끝까지 견고하게 붙잡고, 위험하고 곤란한 상황이 오더라도 참고 견디며 소망 중에 기다리며 서로 돌아보면서 사랑과 선행을 격려하며 그 하나님의 약속의 현실에 참여하는 것이다.

이러한 신약성경에서 소망의 더 깊은 본질적인 의미를 파악하려면 '소망'을 뜻하는 구약의 '티크와'(תִּקְוָה)나 '미크웨'(מִקְוֶה)에 해당하는 신약의 '엘피스'(ἐλπίς) 용어의 신약성경 각 책별 빈도(頻度)와 의미(2)를 살펴보고 나서, 신약성경에 나타나는 '소망' 용어의 신학적 용례와 특징(3)을 밝히며, 그 신학적 용례와 특징에 따른 신앙적이며 목회적 적용점(4)을 찾아보아야 한다.

2. '소망' 용어의 신약 각 책별 빈도와 의미

'소망'에 해당하는 헬라어 명사 '엘피스'는 신약성경에서 모두 54회 등장한다. 이 용어가 신약전서 각권에서 나타나는 권별 빈도수를 살펴보면, 다음과 같은 특징을 찾아볼 수 있다.

첫째, 이 용어는 복음서와 요한계시록에서 전혀 나타나지 않는다. 둘째, 베드로전서(3회, 1:3, 21; 3:15)와 요한일서(1회, 3:3)를 제외한 공동서신에서도 이 용어는 찾아볼 수 없다. 셋째, 빈도수의 7할 정도(54회 중 37회)가 바울서신에서 발견되는 바울의 애(愛)용어이다. 그 중 '엘피스'는 로마서에서 가장 자주 등장하는데, 모두 13회 나타난다(4:18[2회]; 5:2, 4, 5; 8:20, 24[2회], 12:12; 15:4, 13[2회]). 고린도서에서 7회(전서 9:10[3회], 13:13; 후서 1:7; 3:12; 10:15), 데살로니가서에서 5회(전서 1:3, 2:19; 4:13; 5:8; 후서 2:16), 골로새서(1:5, 23, 27)와 에베소서(1:18; 2:12; 4:4) 및 디도서(1:2; 2:13; 3:7)에서 각 3회, 그리고 갈라디아서(5:5)와 빌립보서(1:20)와 디모데전서(1:1)에서는 한 번씩 등장한다. 넷째, 바울서신 중 빌레몬서와 디모데후서에서는 한 번도 나타나지 않는다. 다섯째, 사도행전에서 8회(2:26; 16:19; 23:6; 24:15; 26:6, 7; 27:20; 28:20), 히브리서에서 4회(3:6; 6:11, 18; 7:19)로 비교적 자주 나타난다.

신약의 각 책에서 '소망' 용어의 빈도수를 살펴보면, 이 용어가 복음서에서 한 번도 등장하지 않는 것은 그것이 하나님 아들의 지상 현존과 활동에 관련되어 있기 때문이다. 한편 사도행전이나 바울서신에서 아주 빈번하게 나타나는 것은 사도 바울의 선교 상황에서 그가 겪은 고난과 역경에 긴밀하게 관련되어 있기 때문이다.

3. '소망' 용어의 신학적 용례와 특징

신약성경에 사용된 '엘피스'는 '어떤 것을 기대하거나 어떤 일이 이루어지기를 바람'이라는 뜻으로 사용된 일반적 용례 외에 대부분의 경우 구원과 관련된 신학적 용례로 사용되었다. 곧 '소망'은 하나님의 '약속'과 이의 '실현' 사이에 살아가는 그리스도인이 그 약속에 대하여 가지는 종말론적 마음가짐을 의미하는데, 대부분의 단락에서 '구원'과 관련되어 있다. 구약의 '소망' 용어와 마찬가지로 신약의 '엘피스'는 '소망(바람)'을 의미할 뿐 아니라 '소망의 대상', 곧 '바라는 것'을 뜻한다. 이 경우 바라는 주체는 '이스라엘의 열두 지파'(행 26:7), '유대인들'(요 5:45; 행 24:15), '교회', '엠마오로 가던 제자들'(눅 24:21), '거룩한 부녀들'(벧전 3:5), '이방인들'(마 12:21; 롬 15:12)처럼 공동체이거나, '그리스도'(행 2:26), '아브라함'(롬 4:18), '바울'처럼 개인이며, 때로는 '온 피조세계'(롬 8:20)이기도 한다. 드물기는 하지만, 의인화(擬人化)된 '사랑'이 소망의 주체가 되기도 한다(고전 13:7).

한편, '소망의 대상', 곧 '바라는 것'은 '되돌려 받을 것'(눅 6:34-35), '수익'(행 16:19), '파선의 환난에서 구출됨'(행 27:20), '추수한 곡식'(고전 9:10), '그리스도 예수'(딤전 1:1) 등 다양하다. 바울에 의하면, 이러한 종말론적 '소망'을 구성하는 요소는 세 가지이다(고전 13:7). 곧 '모든 것을 바라는 것'과 '모든 것을 믿는 것', '모든 것을 견디는 것'은 하나님의 '약속'과 '성취' 사이에 사는 그리스도인이 가지는 종말론적 소망의 특성이다.

이러한 종말론적 특성을 가지는 '소망'의 용례를 그 구성 요소인 '미래', '신뢰', '인내'라는 관점에서 살펴보자.

먼저, 기독교적 소망은 그 대상이 아직 현재화되지 않은 미래에 대하여 지니는 마음 자세이다. 곧 아직 이루어지지 않은 것, 미래적인 것을 장차 이루어질 것으로 여기며 지금 기다리며 바라는 태도이다. 그러니까 소망이 이루어지는 시점은 미래이지만, 그것을 바라는 소망의 시점은 현재이다. 다시 말하면, '보이는 것'이 아니라 '보이지 않는 것'이 소망의 대상이다. 그러므로 보이는 소망은 소망이 아니며, 구원을 얻게 하는 소망은 결코 보이는 소망이 아니다(롬 8:24).

둘째, '약속'과 '성취'의 중간기를 사는 그리스도인에게 소망은 곧 '믿음'이다. 신약성경에서 특징적으로 믿음을 정의(定義)하는 히브리서에서 '믿음'은 '바라는 것들의 실상'이다(11:1). 믿음은 '아직' 이루어지지 않은 것을 '지금' 바라는 신앙인의 자세이다. 이런 점에서 소망은 믿음과 동일하며, 그리스도인의 소망이란 예수 그리스도 안에서 실현된 하나님의 구원을 현세에 확신하는 것이다(롬 8:38-39).

셋째, 성도의 소망은 믿음으로 참고 인내하는 기다림이다. 그리스도인은 예수 그리스도를 믿음으로 말미암아 현세에 의롭다 여김을 받고 하나님의 구원에 참여하였으나, 아직 마지막 때의 구원에는 이르지 않았으며, 여전히 죄가 권세를 행사하는 세상에 살고 있으므로, '죽을 몸'의 구속을 기다릴 때 인내와 끈기가 필요하다(롬 8:25). 그것은 요한계시록에서 잘 드러난다. 그런데 요한계시록이 신약성경에서 종말론적 색채가 가장 강하지만 거기에 '소망' 용어는 나타나지 않는다. 그러나 이는 그리 놀라운 일이 아니다. 요한계시록에서는 '소망'이 '인내'(ὑπομονή) 개념 안에 포함되어 있기 때문이다.

4. 신앙적·목회적 적용

신약성경에 나타난 '엘피스'의 신학적 용례와 특성에 대한 신앙적·목회적 적용점을 다음과 같이 요약해 볼 수 있다.

첫째, 기독교적 소망은 예수 그리스도를 믿음으로 말미암아 마지막 때 참여할 구원이 현세에 시작된 그리스도인에게 필수적인 신앙 덕목이다. 다시 말하면, 그리스도인은 예수 그리스도를 믿음으로 말미암아 장차 참여할 종말을 이미 선취(先取)한 자이며, 그의 실존은 약속과 성취의 중간기에 있다.

둘째, 이 중간기를 사는 그리스도인의 소망은 '기다리며', '믿고', '참는' 소망이다.

셋째, 예수 그리스도가 그리스도인의 '소망의 근거'이며 또한 '소망의 대상'이다. 그리스도인에게 항상 있어야 할 세 가지 주덕(主德)인 '믿음, 소망, 사랑'에서 '소망' 없는 '믿음'과 '사랑'은 결코 지속될 수 없다(고전 13:13).

• 읽을 거리 •

Bauer, Walter. *Wörterbuch zum Neuen Testament*. 6th. (Eds.) Kurt & Barbara Aland. Berlin WdeG, 1988. s.v. "ἐλπίς". Sp. 510-11.

Exegetisches Wörterbuch zum Neuen Testament I(1980). s.v. "ἐλπίς". By B. Mayer. Sp. 1066-75.

Smith, J. B. *Greek-English Concordance to the New Testament*. Scottdale: Herald Press, 1955, 121.

Theologisches Wörterbuch zum Neuen Testament II (Studienausgabe 1990). s.v. "ἐλπίς". By R. Bultmann, 515-31(520-25 제외).

A GLOSSARY OF
THE NEW TESTAMENT

신약성경 용어해설집

17

신약성경의 '율법'

νόμος

용어를 중심으로

누가복음 16:16

Ὁ **νόμος** καὶ οἱ προφῆται μέχρι Ἰωάννου· ἀπὸ τότε ἡ βασιλεία τοῦ θεοῦ εὐαγγελίζεται καὶ πᾶς εἰς αὐτὴν βιάζεται. 율법과 선지자는 요한의 때까지요 그 후부터는 하나님 나라의 복음이 전파되어 사람마다 그리로 침입하느니라

로마서 10:4

Τέλος γὰρ **νόμου** Χριστὸς εἰς δικαιοσύνην παντὶ τῷ πιστεύοντι. 그리스도는 모든 믿는 자에게 의를 이루기 위하여 **율법**의 마침이 되시니라

히브리서 7:19

Οὐδὲν γὰρ ἐτελείωσεν ὁ **νόμος**- ἐπεισαγωγὴ δὲ κρείττονος ἐλπίδος δι' ἧς ἐγγίζομεν τῷ θεῷ. (**율법**은 아무 것도 온전하게 못할지라) 이에 더 좋은 소망이 생기니 이것으로 우리가 하나님께 가까이 가느니라

야고보서 1:25

Ὁ δὲ παρακύψας εἰς **νόμον** τέλειον τὸν τῆς ἐλευθερίας καὶ παραμείνας, οὐκ ἀκροατὴς ἐπιλησμονῆς γενόμενος ἀλλὰ ποιητὴς ἔργου, οὗτος μακάριος ἐν τῇ ποιήσει αὐτοῦ ἔσται. 자유롭게 하는 온전한 **율법**을 들여다보고 있는 자는 듣고 잊어버리는 자가 아니요 실천하는 자니 이 사람은 그 행하는 일에 복을 받으리라

1. 들어가는 말

'성서적 신학'(Bibische Theologie)을 부르짖는 현대의 대표적인 성서학자들(H. Gese, P. Stuhlmacher 등)이 주장하는 바 신구약성경을 전승사적으로 연결하는 주요 주제 중 하나는 '율법'이다. 신학뿐 아니라 신앙생활에서도 '율법'은 그 기능과 한계와 관련하여 지금까지도 부단하게 논의되는 주제 중의 하나이다.

예수께서는 하나님의 계명에 대하여 옛 사람으로부터 들었던 율법의 해석 대신 하나님의 뜻에 대한 자신의 권세 있는 해석들 두었다. 그렇지만 율법을 주신 분은 바로 예수를 통하여 하나님의 나라를 전하시며 자신의 구원 의지를 보여주시는 하나님이시다. 그렇기 때문에 율법은 거절 당하지 않으며 하나님 나라와 관련된 하나님의 뜻을 알기 위해 그것의 의미를 해명해야 한다.

이와 관련하여 신약성경에서 '율법'에 해당하는 '노모스'(νόμος) 용어가 지닌 진정한 의미를 해명하는 것은 신학과 목회라는 양대(兩大) 영역에서 절실하게 필요하고 또한 중요한 일이다. 특히 그 어느 때보다 교회가 사회적 지탄에서 벗어나 소금과 빛으로서의 역할로 전환하기 위해서 성경에서 말하는 율법과 관련한 구체적인 내용과 신앙적인 가르침 등에 대한 신학적 논의와 대안을 내어놓는 것이 시급한 때이다.

신약성경에서 '율법'의 진정한 의미를 밝히기 위해서는 우선 이 용어의 신약 각권별 빈도(頻度)와 의미(2)와 신약성경에 나타나는 '율법'의 신학적 용례와 특징(3)을 살펴보고, 그러고 나서 그 신학적 용례와 특징에서 신앙 생활이나 목회 사역에 적용될 수 있는 적용점(4)을 찾아야 한다.

2. '율법' 용어의 신약 권별 빈도와 의미

'노모스'는 신약성경에서 총 197회 나타난다. 그 중 3분의 2 정도인 122회가 바울서신에 집중적으로 등장하며(롬 75회; 갈 32회; 고전 9회; 빌 3회; 딤전 2회; 엡 1회), 복음서에서 32회(마 8회; 눅 9회; 요 15회), 사도행전에서 19회, 히브리서에서 14회, 야고보서에서 10회 나타나는데, 대부분 '예수 그리스도'와의 관계 안에서 사용되었다.

야고보서를 제외한 공동서신과 마가복음 및 요한계시록 등에서 이 용어는 단 한 번도 등장하지 않는다.

신약성경에서 '율법' 용어는 어원(語源)적으로는 '할당하다'라는 의미를 지닌 동사 '네모'(νέμω)에서 유래되었다. 구약성경에서 이에 해당하는 용어는 220회 등장하는 '토라'(תורה)이다. 구약에서 '토라'는 아주 포괄적으로 사용되었다. 곧 '토라'는 단순하게 협의(俠義)적으로 '계명'이나 '지침'같이 율법 규정적인 의미(레위기 등)로 사용되는가 하면, 이를 넘어 하나님께서 언약을 맺은 자녀에게 주신 하나님의 전체적인 계시(신명기)라는 광의(廣義)적 의미로도 사용되었다. 후자(後者)는 하나님께서 친히 구원하신 백성에게 주신 '생활 규정' 내지는 '생활 규범'으로, 법정적인 또는 계율적인 의미를 넘어서는 하나님의 포괄적인 계시를 담은 '삶을 위한 가르침' 또는 '생활 질서'를 가리킨다.

한편, '노모스'는 히브리 성경의 헬라어 역본인 칠십인역(LXX)에서 약 430회 나타난다. 칠십인역에서 '노모스'는 구약성경에서 220번 나타나는 '토라' 중 200회 정도에 대한 번역이며, '명령'(mitswah) 등 다른 히브리어 단어의 번역도 포함되어 있어 대부분 '율법'적인 의미로 사용되었다. 그 영향으로 인해 신약성경에서 '노모스'는 주로 '율법'의 의미로 사용되었다.

3. '율법' 용어의 신학적 용례와 특징

신약성경에서 '노모스' 용어는 대부분 '율법'의 의미로 사용되었다. 그렇기는 하지만 이 용어는 구약에서 '토라'가 '하나님의 계시'라는 선포적 의미로 사용된 것처럼, 신약에서도 하나님의 뜻이 계시된 '성경'(γραφή)의 의미로 사용되었다(눅 23:44; 요 1:45; 행 24:14; 28:23; 롬 3:21 등).

이런 계시적 '노모스' 용례 외에, 대부분의 경우 '노모스'는 '예수 그리스도'와 관련하여 '율법'이란 법적 의미로 사용되었다. 그 기원과 발단은 자신과 함께 도래하며 자신 안에 있는 '하나님 나라'를 선포하는 예수 그리스도에게 있다.

메르클라인(H. Merklein)이 주장한 것처럼, 예수의 경우 결정적인 '행함의 원리'는 '토라'가 아니라 '하나님 나라'였다. 그러므로 예수의 율법 해석과 율법 비판은 그와 함께 가까이 도래한 '하나님 나라' 선포 메시지와 밀접하게 관련되어 있다. 곧 예수의 경우 하나님과 인간 사이에 결정적인 것은 더 이상 율법이나 그 율법과 인간의 관계가 아니라, 예수와 함께, 예수 안에 있는 '하나님 나라'와의 관계였다(눅 16:16). 예수의 하나님 나라 선포 이후 하나님의 심판 기준은 더 이상 율법이나 행위로 인한 율법의 성취가 아니었다(막 2:21-22). 그럼에도 불구하고 예수께서 율법을 준수하였고 율법이 하나님의 선한 뜻임을 인정하였다(마 5:18; 눅 2:22-24, 27, 39). 이러한 예수의 율법 부정과 긍정은 온전한 '회개'와 참된 '순종'이란 관점에서 이해되어야 한다.

예수의 경우처럼 바울에게서도 '율법 긍정'과 '율법 부정'이라는 변증법적인 입장을 발견할 수 있다. 그것은 바울의 율법 이해에서 예수 그리스도의 십자가 사건이 결정적이기 때문이다. 그에 의하면, 율법은 하나님의 '선한 뜻'이며 율법에 순종하지 않는 것은 '하나님과 원수'가 되는 것이다(롬 8:7). 그러나 율법이 생명을 줄 수는 없다. 율법은 죄를 금하고 드러내며, 때로는 하나님을 반역하는데 이르기까지 죄를 강화시켜(롬 5:13), 결국 인간을 죄에 가두기 때문이다. 인간 육체의 연약함으로 말미암아 율법은 결코 생명을 줄 수 없으며, 도리어 죄로 말미암아 율법은 사망을 가져온다(롬 7:9-10). 이처럼 바울의 율법론은 그리스도의 십자가에서 성취된 '용서'와 '칭의'의 빛 안에서만 파악될 수 있다.

히브리서의 경우 율법은 구약 제사 제도의 근간이라는 관점에서 고려되나, 인간의 연약함 때문에 율법은 그 목표하는 바에 이르지 못한다(7:11, 19). 오히려 그 목표는 영원한 대제사장이신 그리스도로 말미암아 이루어진다(7:17, 21). 또 야고보서에서 율법은 '믿음의 순종'이라는 견지에서 이해된다. 요한에게 율법은 온전한 계시인 예수 그리스도와 대조를 이루는데(요 8:12; 9:5; 12:35), 하나님의 온전한 계시로서 '하나님의 아들'이자 '그리스도'이신 예수는 중보자로서 율법을 대체하며, 이런 점에서 율법은 폐기되며, 또한 성취된다.

4. 신앙적·목회적 적용

앞에서 살펴본 신약성경에서 '율법' 용어의 신학적 용례를 신앙과 목회에 접목시켜 보면 다음과 같이 그 적용점을 찾아볼 수 있다.

첫째, 율법은 구속사(救贖史)의 관점에서 하나님의 선한 뜻이 나타난 계시로 여전히 인정된다.

둘째, 율법은 예수 그리스도와 함께 도래한 '하나님 나라'의 관점에서 긍정되며 또한 그와 함께 부정도 된다.

셋째, 율법은 인간의 연약성 때문에 그 목표에 이를 수 없다. 결국 율법은 인간에게 생명을 줄 수 없다. 그러나 율법이 줄 수 없는 생명을 하나님의 아들 예수 그리스도께서 주신다. 곧 생명은 죄인을 사랑하시는 하나님의 아들, 예수 그리스도 안에 있으며, 예수 그리스도 그분은 모든 믿는 자에게 의를 이루기 위하여 '율법의 마침'(롬 10:4)이 되신다. 이러한 신학적 사랑 안에서 율법은 성취되고 완성된다(롬 13:8-10). '사랑'이 율법이 추구하는 의보다 '더 나은 의'의 내용이요, 결정 기준이다.

• 읽을 거리 •

Aland, Kurt & Aland, Barbara (Eds.). *Griechisch-deutsches Wörterbuch zu den Schriften des Neuen Testaments und der frühchristlichen Literatur von Walter Bauer* (^{6}1988). s.v. "νόμος". Sp. 1097-99.

Exegetisches Wörterbuch zum Neuen Testament II (1981). s.v. "νόμος". By H. Hübner. Sp. 1158-72.

Smith, J. B. *Greek-English Concordance to the New Testament*. Scottdale: Herald Press, 1955. 240.

Theologisches Wörterbuch zum Neuen Testament IV (Studienausgabe 1990). s.v. "νόμος". By W. Gutbrod. 1016-84.

Theologisches Wörterbuch zum Alten Testament VIII (1995). s.v. "תּוֹרָה". By G. Lopez. 597-637.

A GLOSSARY OF
THE NEW TESTAMENT

신약성경
용어해설집

18

신약성경의 '용서'
(죄 사함)

ἄφεσις

용어를 중심으로

마태복음 18:35

Οὕτως καὶ ὁ πατήρ μου ὁ οὐράνιος ποιήσει ὑμῖν, ἐὰν **μὴ ἀφῆτε** ἕκαστος τῷ ἀδελφῷ αὐτοῦ ἀπὸ τῶν καρδιῶν ὑμῶν. 너희가 각각 마음으로부터 형제를 **용서하지 아니하면** 나의 하늘 아버지께서도 너희에게 이와 같이 하시리라

요한복음 20:23

Ἄν τινων **ἀφῆτε** τὰς ἁμαρτίας ἀφέωνται αὐτοῖς, ἄν τινων κρατῆτε κεκράτηνται. 너희가 누구의 **죄**든지 **사하면 사하여질** 것이요 누구의 죄든지 그대로 두면 그대로 있으리라 하시니라

사도행전 2:38

Πέτρος δὲ πρὸς αὐτούς· μετανοήσατε, [φησίν,] καὶ βαπτισθήτω ἕκαστος ὑμῶν ἐπὶ τῷ ὀνόματι Ἰησοῦ Χριστοῦ εἰς **ἄφεσιν** τῶν ἁμαρτιῶν ὑμῶν καὶ λήμψεσθε τὴν δωρεὰν τοῦ ἁγίου πνεύματος. 베드로가 이르되 너희가 회개하여 각각 예수 그리스도의 이름으로 세례를 받고 **죄 사함**을 받으라 그리하면 성령의 선물을 받으리니

에베소서 1:7

Ἐν ᾧ ἔχομεν τὴν ἀπολύτρωσιν διὰ τοῦ αἵματος αὐτοῦ, τὴν **ἄφεσιν** τῶν παραπτωμάτων, κατὰ τὸ πλοῦτος τῆς χάριτος αὐτοῦ 우리는 그리스도 안에서 그의 은혜의 풍성함을 따라 그의 피로 말미암아 **속량** 곧 **죄 사함**을 받았느니라

1. 들어가는 말

기독교 선포의 핵심 주제 중 하나는 '용서'다. 이는 예수께서 가르쳐 주신 '주기도'(마 6:9-13; 눅 11:2-4 참조)의 인간을 위한 간구를 살펴보면 분명하게 알 수 있다. 그 첫째 간구인 '일용할 양식'으로 표현되는 의식주에 대한 간구와 셋째 간구인 시험에 빠짐이 없이 악에서 구출됨을 요구하는 간구 사이에 놓여 있는 둘째 간구는 잘못으로 인하여 발생한 인간 관계의 왜곡을 바로 잡고 갈등을 해소하는데 핵심이 되는 '용서'에 대한 간구이다. 잘못을 범하지 않고 인생을 완벽하게 살 수 있는 인간은 없다. 또 사람은 누구나 하나님 앞에서 죄가 있다(롬 3:10-18 참조). 죄에 의해 일그러진 것을 회복시키지 못한다면 풍요로운 삶을 살아갈 수 없을 것이다. 사람이 인생살이에서 실수와 잘못을 피해 살 수 없다면 어떤 태도와 자세로 사는 것이 적절한 것일까?

하나님께서는 그리스도 사건을 통하여 용서의 길을 열어 놓으셨다. 죄인된 인간이 하나님의 자녀가 되는 길은 하나님의 용서를 통해서만 열리게 되며, 이 용서의 선물을 경험한 사람은 그 선물 속에 들어있는 '용서하라'는 요구 앞에 서게 된다. 그러니까 하나님과 인간의 관계 회복은 하나님의 용서로 말미암아 이루어지며, 사람과 사람 사이의 관계 회복도 용서를 통하여 온전하게 이루어지게 된다.

이러한 '용서'에 대한 신약성경의 더 깊은 가르침과 이를 오늘날의 교회로 옮길 수 있는 신학적 교훈을 찾기 위해서 신약성경에 나타나는 '용서'(ἄφεσις) 용어의 권별 빈도(頻度)와 의미(2)를 살펴보고, 그 신학적 용례와 특징(3)을 조사한 다음, 이 용어의 신학적이며 목회적인 적용점(4)을 찾아보아야 한다.

2. '용서' 용어의 신약 권별 빈도와 의미

신약성경에서 '용서'(ἄφεσις) 용어는 모두 17회 나타난다. 이 명사는 그 절반 이상이 신학적으로 '죄 사함'이 강조되는 누가의 2부작, 곧 누가복음에 5회(1:77; 3:3; 4:18[2회]; 24:47), 사도행전에 5회(2:38; 5:31; 10:43; 13:38; 26:18) 등장하며, 복음서에서는 요한복음을 제외한 마태(26:28)와 마가(1:4; 3:29)의 경우 3회, 서신서에서는 후기 바울서신인 에베소서(1:7)와 골로새서(1:14)에서 각 1회, 히브리서에서 2회(9:22; 10:18) 나타난다.

또 '용서' 용어는 하나님과 관련되어 '하나님의 용서'를 지칭하는데, 대부분 인간이 범한 죄(ἁμαρτία)의 복수(複數) 속격(屬格)인 하마르티온(ἁμαρτιῶν)과 함께 사용되어 일반적으로 '죄인을 용서하시는 하나님의 사죄 행위'를 의미한다. 그러나 간혹 인간의 구체적인 죄의 과실들을 의미하는 '파라프토마타'(παραπτώματα)와 함께 나타나기도 한다(히 10:18; 엡 1:7 참조).

'용서'의 본래 의미는 죄에 대한 형벌의 '사(赦)함'이나 '면제함'인데, '용서' 용어가 '죄'-용어와 함께 사용되지 않더라도 절대적 용법으로 낱말 자체만으로 '죄 사함'을 의미하기도 한다(막 3:29; 히 9:22). 게다가 누가복음에서 이 용어는 '자유하게 함'의 의미로 사용되기도 하였다(눅 4:18[2회]).

이와 같이 신약성경에서 '용서' 용어는 모두 하나님과 관련되어 사용된 신학적 용례를 보여준다.

3. '용서' 용어의 신학적 용례와 특징

예수의 말씀에서 사용된 '용서'용서'(ἄφεσις) 용어는 무엇보다도 '성령을 거스르는 용서 받을 수 없는 죄'에 대한 말씀에서 나타난다. 이 말씀은 마가복음뿐 아니라 마태복음과 누가복음에도 나타나는 '이중 전승'(Doppelüberliefrerung) 말씀이다. 그 가장 오래된 말씀 형태는 누가복음에서 찾을 수 있다(눅 12:10 참조). 마태와 누가에 의하면, 세상에서 활동하신 인자 예수를 모독하는 것은 용서 받을 수 있으나, 복음서 저술 당시 이미 승천하여 하늘에 계시지만 세상에 영으로 임하여 계신 예수 그리스도, 곧 성령을 모독하는 것은 사함 받을 수 없다(마 12:31-32; 막 3:28-29; 눅 12:10 참조).

마가의 경우, 치유를 통해 용서하시는 하나님을 전하는 구약 전승을 따라 예수는 하나님의 아들로서 지상에서 한 중풍병자의 치유와 함께 죄 용서를 실천하신다(막 2:1-12. 특히 5, 10절).

마태의 경우는 마가보다도 더 직접적으로 예수 그리스도의 죄 용서를 강조한다. 마가나 누가는 죄 사함을 얻게 하는 회개의 세례가 세례 요한에게서 시작되나(막 1:4; 눅 3:3), 마태는 이를 언급하지 않고 오히려 예수 그리스도의 죽음에서 죄 사함을 강조하며 언급한다. 다시 말하면, '마지막 만찬'에서 제자들과 나누는 주님의 잔은 "죄 사함을 얻게 하려고"(εἰς ἄφεσιν ἁμαρτιῶν) 많은 사람을 위하여 흘리는 주님의 피, 곧 언약의 피다(마 26:28). 마태는 단지 예수 그리스도로 말미암은 하나님의 용서만 강조하지 않는다. 만 달란트 빚 탕감 받은 종 비유가 가르치는 것처럼 예수 안에서 하나님의 용서를 경험한 자는 형제를 중심으로 용서해야 한다(마 18:21-35).

예수 그리스도 안에서 경험되는 하나님의 용서는 신약성경에서 무엇보다도 누가의 문헌에서 잘 드러난다. '사가랴의 찬가'(눅 1:68-79)에서 예수의 길을 준비한 세례 요한은 주의 백성에게 죄 사함으로 말미암는 구원을 알게 하는 선지자이며(1:77), "죄 사함을 받게 하는 회개의 세례"(3:3)를 전하였다. 공생애를 시작하면서 예수는 '나사렛 회당 설교'(4:18-27)에서 이사야의 예언(사 61:1-2)이 자신의 등장으로 성취되었음을 알리면서 '자유'를 선포하셨다(4:18).

예수의 이름으로 죄 사함을 받게 하는 회개가 예루살렘에서 시작하여 모든 족속에게 전파되는데(24:47), 이는 사도행전에서 구체적으로 실천된다. 회개하여 예수 그리스도의 이름으로 세례를 받는 자는 죄 사함을 받는다(2:38). 베드로의 설교에서 예수 그리스도는 이스라엘이 회개하게 하고 죄 사함을 받게 하시는 임금이요, 구주시며(5:31), 구약의 선지자들은 그분을 믿는 사람은 누구든지 죄 사함을 받는다고 증언하였다(10:43). 또 바울이 비시디아 안디옥의 유대인 회당에서 전한 말씀(13:38)과 헤롯 아그립바 앞에서 전한 말씀(26:18)에서도 죄 사함은 오직 예수로 말미암으며, 죄 사함과 예수를 믿음으로 거룩하게 된 사람들 가운데 들게 된다.

요한복음에서 이 용어의 동사형(ἀφίημι)이 사용된 구절(20:21-23)에 용서는 부활하신 예수 그리스도의 선물이다.

바울서신에서는 예수 그리스도 안에 일어난 하나님의 구원이 이 용어 대신 '의' 개념으로 해설되어 있다. 후기 바울서신에서 이 용어는 그것도 단지 두 번 '구속'(ἀπολύτρωσις) 용어와 함께 나타날 뿐이다(골 1:14; 엡 1:7). 히브리서의 경우도 동일한 방식으로 이 용어를 사용한다(9:22; 10:18).

4. 신앙적·목회적 적용

신약성경에서 '용서' 용어는 신학적 용례로 사용되었다. 이와 같이 신약성경에 나타난 신학적 용례와 특징에 대하여 신앙적이며 목회적 적용점을 다음과 같이 모색해 볼 수 있다.

첫째, 신약성경의 경우 구약 전승을 따라 용서의 주체는 심판자이신 하나님이시다.

둘째, 용서는 하나님의 아들 예수 그리스도 안에 일어난 하나님의 구원 행위이다.

셋째, 용서는 예수 그리스도를 믿음으로 말미암아 주어지는 과거의 사건과 관련된 형벌의 면제일 뿐 아니라, 전인(全人)을 새롭게 하며 미래의 죄 용서를 포함하는 종말론적 축복 사건이다.

넷째, 이런 점에서 회개는 용서로 응답하시는 예수 그리스도에 대한 믿음을 가지고 돌아섬을 의미한다. 용서는 예수와 함께 도래하여 예수 안에 있는 하나님 나라의 선포 앞에 회개하여 예수의 이름으로 세례 받은 자가 경험하는 하나님의 종말론적 선물이다.

다섯째, 이 용서를 경험한 자는 다른 사람을 용서해야 하는 요구 앞에 서게 된다. 곧 하나님의 용서는 인간 상호 간의 용서의 전제이며 근거이다. 용서는 인간에게서 나오는 산물(産物)이 결코 아니라 하나님의 선물(膳物)이다.

• 읽을 거리 •

장흥길. "용서를 가르치는 예수님". 『나의 멍에를 메고 내게 배우라』. 설교를 위한 마태복음 연구. 서울: 한국성서학연구소, 2008. 169-88.

Aland, Kurt & Aland, Barbara (Eds.). *Griechisch-deutsches Wörterbuch zu den Schriften des Neuen Testaments und der frühchristlichen Literatur von Walter Bauer* (^{6}1988). s.v. "ἀφίημι, ἄφεσις". 250-53.

Bauer, Walter. Revised & edited by F. W. Danker. *A Greek-English Lexicon of the New Testament and other Christian Literture* (^{3}2000). s.v. "ἀφίημι, ἄφεσις". 155-57.

Exegetisches Wörterbuch zum Neuen Testament I (1980). s.v. "ἀφίημι, ἄφεσις". By H. Leroy. Sp. 436-41.

Smith, J. B. *Greek-English Concordance to the New Testament*. Scottdale: Herald Press, 1955. 58.

Theologisches Wörterbuch zum Neuen Testament I (Studienausgabe 1990). s.v. "ἀφίημι, ἄφεσις". By R. Bultmann. 506-09.

A GLOSSARY OF
THE NEW TESTAMENT

신약성경 용어해설집

19

신약성경의 '의'

δικαιοσύνη

용어를 중심으로

마태복음 5:20

Λέγω γὰρ ὑμῖν ὅτι ἐὰν μὴ περισσεύσῃ ὑμῶν ἡ **δικαιοσύνη** πλεῖον τῶν γραμματέων καὶ Φαρισαίων, οὐ μὴ εἰσέλθητε εἰς τὴν βασιλείαν τῶν οὐρανῶν. 내가 너희에게 이르노니 너희 **의**가 서기관과 바리새인보다 더 낫지 못하면 결코 천국에 들어가지 못하리라

요한복음 16:8-11

Καὶ ἐλθὼν ἐκεῖνος ἐλέγξει τὸν κόσμον περὶ ἁμαρτίας καὶ περὶ **δικαιοσύνης** καὶ περὶ κρίσεως· περὶ ἁμαρτίας μέν, ὅτι οὐ πιστεύουσιν εἰς ἐμέ· περὶ **δικαιοσύνης** δέ, ὅτι πρὸς τὸν πατέρα ὑπάγω καὶ οὐκέτι θεωρεῖτέ με· περὶ δὲ κρίσεως, ὅτι ὁ ἄρχων τοῦ κόσμου τούτου κέκριται. 그가 와서 죄에 대하여, **의**에 대하여, 심판에 대하여 세상을 책망하시리라 죄에 대하여라 함은 그들이 나를 믿지 아니함이요 **의**에 대하여라 함은 내가 아버지께로 가니 너희가 다시 나를 보지 못함이요 심판에 대하여라 함은 이 세상 임금이 심판을 받았음이라

빌립보서 3:9

Καὶ εὑρεθῶ ἐν αὐτῷ, μὴ ἔχων ἐμὴν **δικαιοσύνην** τὴν ἐκ νόμου ἀλλὰ τὴν διὰ πίστεως Χριστοῦ, τὴν ἐκ θεοῦ **δικαιοσύνην** ἐπὶ τῇ πίστει, 그 안에서 발견되려 함이니 내가 가진 **의**는 율법에서 난 것이 아니요 오직 그리스도를 믿음으로 말미암은 것이니 곧 믿음으로 하나님께로부터 난 **의**라

1. 들어가는 말

성경에서 '의'는 '율법'이나 '화해'처럼 신구약성경을 전승사적으로, 그것도 구속사적으로 연결하는 주요 개념이다. 구약성경에서 히브리어 '츠다카'(צְדָקָה)는 '의', '결백한 행동', '정직', '공의', '구원', '승리', '변호' 등 하나님께서 억압 받는 자들을 위해 개입하신다는 강력한 법적이며 언약적 요소를 지니고 있다. 이러한 하나님의 의의 통치에서 나타나는 하나님의 의는 그가 언약을 성실하게 지키심으로 그의 백성을 구원하신다는 것을 의미한다. 또 의는 통치 질서로서의 의로 하나님의 의로운 백성이 하나님의 뜻을 지킴으로 하나님께서 기대하시는 행동을 보여야 하는 것을 의미한다.

그리스도인은 예수 그리스도를 믿음으로 말미암아 의롭다 하심을 얻어 생명에 이르게 된 자들이다. 그러므로 먼저 하나님의 나라와 그의 의를 구하며 깨어 의를 행하여 하나님의 의로운 백성으로 살아가야 한다. 곧 하나님의 뜻에 부합된 올바르고 적절한 삶의 태도를 가져야 하는 것이다.

이러한 '츠다카'에 해당하는 신약성경의 '디카이오쉬네'(δικαιοσύνη)는 신약성경에서 개별 저자들에게서 어떤 의미로, 어떻게 사용되었는가? 예수의 선포에서 핵심 주제인 '하나님 나라'는 그 신학화된 개념인 '하나님의 의'와 다른 것이 아니다. 이런 점에서 신구약성경의 중심 주제인 '의'를 해명하는 것은 기독교 신학에서 필수 과제이다.

이를 위해, 먼저 신약성경에 나타난 '디카이오쉬네' 용어의 권별 빈도(頻度)와 의미(2)를 살펴보고, '의'의 신학적 용례와 특징(3)을 밝힌 다음, 그에 따른 신학적·목회적 적용점(4)을 모색해려 한다.

2. '의' 용어의 신약 권별 빈도와 의미

'의'에 해당하는 헬라어 명사 '디카이오쉬네'는 신약성경에서 모두 91회 등장하는데, 그 가운데 70% 이상이 목회서신(5회)을 포함한 바울서신에 나타난다. 이 용어는 바울의 애(愛)용어로(60회), 그 중에서도 로마서에 36회 등장하는 로마서 신학 이해의 관건어(關鍵語)이다.

복음서에서는 이 용어가 열 번 등장하는데, 누가복음에 한 번, 요한복음에 두 번 사용되었고, 마태복음에는 일곱 번 사용되는 마태의 주요 신학 용어로(마 3:15; 5:6, 10, 20; 6:1, 33; 21:32) 나타난다.

그 외에 이 용어는 히브리서에서 6회, 공동서신에서 11회(세부적으로는 야고보서 3회, 베드로서 5회, 요한일서 3회), 사도행전에서 4회, 요한계시록에서 1회 등장한다.

이와 같이 신약 각권에서 '의' 용어의 권별 빈도수를 살펴보면, 이 용어가 바울서신에서 아주 빈번하게 나타나며, 복음서에서는 마태복음에서 신학적으로 특히 의미 있게 사용되었음을 알 수 있다.

3. '의' 용어의 신학적 용례와 특징

위의 단락에서 시사된 것처럼, 신약성경에 사용된 '디카이오쉬네' 용어의 용례는 크게 바울과 마태, 그 외 신약 저자들의 용례의 세 가지로 구분된다. 물론 바울과 마태를 제외한 신약 저자들의 용례에서 이 용어가 지닌 다양한 신학적 의미를 하나로 요약하여 그 용례의 다양성을 간과하거나 무시하는 것은 지나친 도식주의라는 점을 미리 고려해야 한다.

신약 당시 '디카이오쉬네'는 고대 헬라 세계에서 덕(ἀρετή)에 속하는 한 개념이었으며, '분배적 정의'(iustitia distributiva)와 관련하여 사용된 추상명사로 '정의', '정당함', '합법적임', '올바름', '올바른 성품(의로움)' 등을 의미하는 용어였다.

그러나 신약성경에서 이 용어는 구약성경에서처럼 대부분 하나님께서 은혜로 베푸시는 '구원의 선물'과 관련되어 있다. 구약 전승에서 '의'(צדקה)는 하나님과 인간 사이의 올바른 관계를 의미하는 용어이다. 곧 성경에서 '의'는 율법적 관점에서 양자(兩者) 간의 올바름을 뜻하는 것이 아니라 상호간의 구체적 삶의 관계라는 관점에서 올바른 관계를 나타내는 낱말이다(창 15:6; 롬 4:3-22 등).

바로 이점이 헬라어 '디카이오쉬네'로 옮겨진 히브리어 '츠다카'가 지니고 있는 기본적인 성경적 용례이며, 또한 신약 주변 세계에서 통용되던 '디카이오쉬네' 용례와 구별되는 차별성이다. 이러한 구약의 '의'-전승을 따라 신약성경에서 이 용어의 용례를 바울과 마태, 그 외 신약 저자의 경우로 구분하여 살펴보자.

바울에게서 '의' 용어의 용례는 크게 구원론적 용례, 종말론적 용례, 윤리적 용례의 세 가지로 구분될 수 있다. 곧 바울에게 '의'는 율법을 준행함에서 나오는 것이 아니라 예수 그리스도의 죽으심으로 말미암아 주어진 하나님의 선물로(갈 2:21), "하나님으로부터 난 의"이자 "믿음에서 난 의"다(롬 10:6; 빌 3:9). 또 '의'는 종말론적 구원과도 관련되어 있다. 곧 '의'는 그리스도인이 성령으로 믿음을 따라 소망 가운데 기다리는 기다림의 대상이다(갈 5:5). 게다가 의는 섬김의 행위와 관련된 윤리적 의미도 지니고 있다. 그리스도인은 더 이상 '죄의 종'으로 불의를 섬기는 것이 아니라, '의의 종'으로 자신을 하나님께 '의의 무기'로 드려(롬 6:12-23) '의의 열매'를 맺는 사람이다(빌 1:11; 롬 14:17). 이처럼 바울은 의를 하나님과 관련지어 '하나님의 의'(δικαιοσύνη θεοῦ) 관점에서 이해하고, 바로 그 의가 예수 그리스도로 말미암은 하나님의 구원을 요약적으로 표현하는 '복음' 안에 나타났음을 전하였다(롬 1:16-17).

요약하면, 바울의 경우 '하나님의 의'는 독자적으로 존재하는 것이 아니라 바울이 전한 전체 구원의 메시지와 관련되어 있다. 따라서 바울의 경우 '하나님에 대한 물음'(신론)이 '인간의 구원에 대한 물음'(구원론)보다 앞서며, 칭의 사건의 신학적·기독론적인 면이 그 인간론적·구원론적 면의 전제요 또한 근거다.

마태에게서 '의' 용어는 마태 신학을 이루는 결정적 개념이다. 마태는 예수께서 걸어가신 길을 '의의 길'로 묘사하고(마 21:32), 세례 요한이 예수에 앞서 준비한 길 역시 '의의 길'임을 전하며(마 3:3, 15; 11:10), 나아가 제자들이 따라야 할 길도 그 '의의 길'로 제시하였다(마 5:20). 예수께서 걸어가셨던 길이 '하나님의 뜻'을 그 내용으로 하는 '의의 길'인데, 이는 한편으로는 하나님께서 베푸신 구원의 선물(Gabe)이지만(마 5:6), 다른 한편으로는 그 선물을 받은 인간에게 부과된 과제(Aufgabe)이기도 하다(마 5:20). 그러니까 바울이 복음을 전하는 선교사로서 '하나님의 의'를 전하였다면, 마태는 그에 근거하여 '새 이스라엘'이 된 하나님의 백성에게 요구하시는 하나님의 뜻을 행하여 구원에 합당한 열매 맺는 '의로운 행위'를 촉구하였다.

바울과 마태 외 신약 저자들의 '의' 용어에 대한 용례의 특징을 하나로 요약하는 것은 신중을 기해야 하지만 도식주의를 경계하면서 요약해보면, 이 용어는 대개 윤리적 권고 맥락에서 사용되었다.

히브리서 저자는 바울의 영향을 받아 노아가 믿음을 따라 '의의 상속자'가 되었음을 밝힘으로써 권태로움에 빠진 신자들에게 믿음의 경주를 재촉하였다(히 11:7).

바울의 영향은 야고보서에서도 나타난다. 야고보는 하나님께 의롭다 여김 받은 아브라함의 믿음을 그 아들조차도 제물로 바치려 했던 순종의 행위를 포함한 믿음으로 이해하여, 사람이 의롭다 여기심을 받는 것은 단지 믿음만이 아니라 믿음에서 난 행함으로써 가능함을 언급하였다(약 2:24). 이런 윤리적 관점에서, 사람이 성내는 것은 하나님의 의를 이루지 못하기 때문에 이 의를 이루기 위해서는 모든 더러운 것과 넘치는 악을 내버리고 마음에 심어진 말씀으로 온유함을 받아야 하며(약 1:20-21), 화평으로 심어 '의의 열매'(성결, 화평, 관용, 양순, 긍휼, 선한 열매, 편견과 거짓 없음)를 거두는 것이 신자에게 요구된다(약 3:18).

'선물로 주어진 의'라는 초기 바울의 '의' 용례와는 다르게 신약의 후기 문헌에서는 주로 윤리적 용례가 나타나는데, 이때 의는 '의로운 행동'(행 10:35)이자, 목록으로 열거된 여러 덕(德) 중 하나이며(딤전 6:11; 딤후 2:22), 하나님께로부터 난 참 신자임을 판단하는 결정 기준으로서 '의의 행동'으로 묘사된다(요일 2:29; 3:7, 10; 요 16:8, 10).

신약성경의 마지막 장인 요한계시록의 22장에서 '의' 용어는 '의의 행위'라는 권고적 의미로 사용되었으며, 불의한 자가 계속 불의를 행하는 것처럼 의로운 자가 지속적으로 행해야 할, 성도임을 입증하는 근거이다(계 22:11).

4. 신앙적·목회적 적용

신약성경에 나타난 '디카이오쉬네'의 신학적인 용례와 특징을 신앙적으로 목회적으로 적용해보면, 크게 다음 두 가지로 교훈의 적용점을 찾을 수 있다.

첫째, 신약성경에서 의는 하나님과 인간 사이 삶의 관계를 규정하는 개념으로, 죄인 된 인간은 자신의 행위로써 의에 이를 수 없으며, 오직 예수 그리스도를 믿음으로 말미암아 은혜로 주어지는 하나님의 의로써만 의롭다 여김 받을 수 있다. 그러므로 하나님의 의는 오직 예수를 믿음으로 말미암아 은혜로 주어지는 하나님의 선물이다.

둘째, 신약성경의 의는 이런 구원론적 의미 외에 윤리 내지는 권고적 의미를 지니고 있는데, 하나님의 의는 죄인을 의롭다 여기시는 '하나님의 선물'인 동시에 칭의자로 하여금 의롭게 행하고 살도록 효과를 미치는 '하나님의 능력'이다. 따라서 의롭다 여김 받은 그리스도인은 의를 얻기 위한 행위가 아닌 성령 안에서 의의 열매가 맺히는 삶을 영위해야 한다. '오직 은혜'(정통 신앙)로 구원받은 자는 '의의 열매를 맺는 삶'(정통 행위)을 살아야 한다.

שומר
דלתות
ישראל

• 읽을 거리 •

Exegetisches Wörterbuch zum Neuen Testament I(1980). s.v. "δικαιοσύνη". By Karl Kertelge. Sp. 784-96.

Smith, J. B. *Greek-English Concordance to the New Testament*. Scottdale: Herald Press, 1955.

Strecker, G. *Der Weg der Gerechtigkeit*. FRLANT 91. Göttingen: V. & R., ³1971.

Theologisches Wörterbuch zum Neuen Testament II(Studienausgabe 1990). s.v."δικαιοσύνη". By Gottlob Schrenk. 194-214.

A GLOSSARY OF
THE NEW TESTAMENT

신약성경
용어해설집

20

신약성경의 '이방인'

ἔθνη

용어를 중심으로

로마서 3:29

Ἢ Ἰουδαίων ὁ θεὸς μόνον; οὐχὶ καὶ **ἐθνῶν**; ναὶ καὶ **ἐθνῶν**, 하나님은 다만 유대인의 하나님이시냐 또한 **이방인**의 하나님은 아니시냐 진실로 **이방인**의 하나님도 되시느니라

에베소서 3:6-8

Εἶναι τὰ **ἔθνη** συγκληρονόμα καὶ σύσσωμα καὶ συμμέτοχα τῆς ἐπαγγελίας ἐν Χριστῷ Ἰησοῦ διὰ τοῦ εὐαγγελίου, οὗ ἐγενήθην διάκονος κατὰ τὴν δωρεὰν τῆς χάριτος τοῦ θεοῦ τῆς δοθείσης μοι κατὰ τὴν ἐνέργειαν τῆς δυνάμεως αὐτοῦ. Ἐμοὶ τῷ ἐλαχιστοτέρῳ πάντων ἁγίων ἐδόθη ἡ χάρις αὕτη, τοῖς **ἔθνεσιν** εὐαγγελίσασθαι τὸ ἀνεξιχνίαστον πλοῦτος τοῦ Χριστοῦ 이는 **이방인들**이 복음으로 말미암아 그리스도 예수 안에서 함께 상속자가 되고 함께 지체가 되고 함께 약속에 참여하는 자가 됨이라 이 복음을 위하여 그의 능력이 역사하시는 대로 내게 주신 하나님의 은혜의 선물을 따라 내가 일꾼이 되었노라 모든 성도 중에 지극히 작은 자보다 더 작은 나에게 이 은혜를 주신 것은 측량할 수 없는 그리스도의 풍성함을 **이방인**에게 전하게 하시고

요한계시록 5:19

Καὶ ᾄδουσιν ᾠδὴν καινὴν λέγοντες· ἄξιος εἶ λαβεῖν τὸ βιβλίον καὶ ἀνοῖξαι τὰς σφραγῖδας αὐτοῦ, ὅτι ἐσφάγης καὶ ἠγόρασας τῷ θεῷ ἐν τῷ αἵματί σου ἐκ πάσης φυλῆς καὶ γλώσσης καὶ λαοῦ καὶ **ἔθνους** 그들이 새 노래를 불러 이르되 두루마리를 가지시고 그 인봉을 떼기에 합당하시도다 일찍이 죽임을 당하사 각 족속과 방언과 백성과 **나라** 가운데에서 사람들을 피로 사서 하나님께 드리시고

1. 들어가는 말

오늘날 '외국인 노동자'와 국제 결혼으로 맺어진 가정이나 한 가정 안에서 서로 다른 문화적 배경을 가지고 있는 가족 구성원인 '다문화 가정의 이주민'이 우리 사회가 직면한 주요 문제 중 하나로 떠오르고 있다. 다문화 가정에 대한 교육 소홀, 고용 부진 등으로 인해 야기되는 제반 사회적 문제는 온전히 우리 공동의 책임이다. 우리 사회의 만연한 적대적 공존과 대립, 갈등의 문제를 정의롭고 평화롭게 풀어나가야 하는 것이다.

목회 현장에서도 풀어야 하는 이러한 과제와 관련하여 복음서의 첫 머리에서부터 하나님의 구원 역사에서 당당한 한 자리를 차지하며 복음 선포의 대상인 '이방인'(이주민, 거류민, 객, 나그네, 타국인) 용어의 용례와 의미를 살펴보는 것은 불가피하다.

구약성경에서 '이방인'을 의미하는 히브리어로는 '고이'(גּוֹי)와 '게르'(גֵּר)를 들 수 있다. '게르'의 경우는 어떤 민족이나 나라 안에 거주하는 개인으로서의 '이주민'을 가리키며, 민족 또는 나라 단위를 가리키는 '고이'의 복수(複數)형 '고임'(גּוֹיִם)은 '이방인'을 총칭한다. 신약성경에서도 '이방인'에 해당하는 헬라어 '에트노스'(ἔθνος)의 복수형 '에트네'(ἔθνη) 역시 이방인을 포괄적으로 가리킨다. 또 '고임'이 여러 '민족'이나 모든 '나라'를 지칭하는 것처럼, '에트네' 역시 그러하다. 신약성경에서 '에트노스'와 함께 사용되는 단어로 '라오스'(λαός), '퓔레'(φυλή), '글로싸'(γλῶσσα) 등이 나타나지만, 구약성경의 '고임'에 대한 상대어는 신약성경의 '에트네'이다.

'에트노스'가 신약성경에서 어떤 의미로 사용되었는지를 밝히기 위해, 먼저 이 용어의 신약 각권별 빈도(頻度)와 용례(2)를 살펴보고, 그런 다음, 신약성경에 나타나는 '이방인'의 신학적 용례와 특징(3)을 밝히고 나서, 이에 대한 신앙적이며 목회적인 적용점(4)을 찾아야 한다.

2. '이방인' 용어의 신약 권별 빈도와 의미

신약성경에서 '에트노스' 용어는 '관습'이나 '풍속'을 의미하는 '에토스'(ἔθος)에서 유래된 것으로 추정하는데, 어원적으로는 동일한 관습이나 풍속으로써 무리 지은 집단이나 다수를 뜻한다.

이 용어는 신약성경에서 모두 162회 발견되는데, 그 중 대부분을 차지하는 130회는 복수형인 '에트네'로 나타나고, 32회만 단수형인 '에트노스'로 등장한다. 단수형은 대개 이 용어의 일반적 의미인 '민족'이란 뜻으로, 중립적으로 사용되었고, 복수형은 '유대인'이나 '기독교인'에 대한 상대어로 쓰였다.

책별 빈도수를 살펴보면, 복음서에서 39회, 사도행전에서 43회, 바울서신에서 54회(그 중 로마서에서 28회, 갈라디아서 10회 등), 공동서신 4회(베드로전서에서 3회, 요한삼서에서 1회), 요한계시록에서 22회 나타난다. 이 용어는 신약 각 책에서 나타나지만, 무엇보다도 '선교'나 '종말 심판' 주제를 다루는 사도행전, 로마서, 요한계시록에서 집중적으로 등장한다.

3. '이방인' 용어의 신학적 용례와 특성

앞서 간략하게 언급한 것처럼, 이 용어의 용례는 크게 중립적으로 사용된 일반 용례와 부정적(배타적) 또는 긍정적(내포적)으로 사용된 특별 용례의 두 가지로 대별된다. 후자의 경우는 복수형 '에트네'(ἔθνη)로 쓰여 대부분 유대인의 상대어로 나타나거나, 또는 그리스도인의 상대어로 교회론적으로 사용되었다.

먼저, 단수형에서 발견되는 이 용어의 일반적 용례를 세부적으로 살펴보자. 곧 '에트노스'는 유대인이든지, 이방인이든지 신학적 판단 없이 중립적으로 '민족' 또는 '나라'의 의미로 사용되었다. '에트노스'가 유대인에게 사용된 경우 자신에 대한 바울의 진술(행 26:4; 28:19 등)이나, 그의 동족 유대인에서 찾아볼 수 있으며, 유대인이 아닌 자가 유대 민족을 지칭하는 경우에도 사용되었다(눅 7:5; 23:2; 행 10:22; 24:10 등). 또 단수형은 부정 형용사 '모든'(πᾶν)과 함께 사용되어, '모든 민족'이나 '모든 나라'(πᾶν τὸ ἔθνος)의 의미로 쓰이기도 하였다(행 2:5; 10:35; 17:26 등).

일반적 용례와 달리 신학적 판단이 반영되어 있는 복수형 '에트네'(ἔθνη)는 주로 '유대인'이나 '그리스도인'의 상대어의 의미를 갖고 사용되었다.

우선, '유대인'의 상대어로 사용된 경우를 살펴보자. 원래 이 용어는 아리스토텔레스(Aristotels) 이래로 헬라 세계에서 헬라어를 사용하는 '헬라인'(Ἕλληνες)과 구별되게 헬라어를 구사하지 못하는 외국인인 이방인을 의미하였는데, 이 경우 '에트네'는 '야만인'(βάρβαροι)과 함께 대개 경멸적 내지는 배타적 의미를 나타낸다. 헬라인들이 '에트네'를 자국인 이외의 '이방인'에 대해 배타적으로 사용한 것처럼, 칠십인역(LXX)이나 신약성경의 경우, 유대인들도 동족이 아닌 헬라인이나 야만인을 '이방인'으로 지칭하였다. 예수 당시 유대인은 대개 이방인을 경멸하였으며, '가난한 자, 세리, 죄인들'을 종교적 관점에서 이방인과 동일하다고 여겼다. 그러나 예수는 유대인들이 경멸한 그들에게 오히려 하나님의 나라를 약속하였다(마 8:10; 11:20-24; 눅 10:30-37; 17:12-19 등).

바울 역시 이 용어를 유대인과 달리 하나님을 알지 못하고 율법을 받지 못한 이방인을 가리키는데 사용하였다. 그러나 그는 하나님께서 유대인뿐 아니라 이방인의 하나님도 되심을 역설하였다(롬 3:29 등). 곧 유대인이나 헬라인(이방인)이나 그리스도 안에 약속된 하나님의 구원에는 차별이 없다(롬 1:16-17; 3:19-20 참조). 게다가 바울은 유대인뿐 아니라 이방인에게도 복음을 전하는 '이방인의 사도'였다(롬 16:26; 골 1:27; 엡 3:1-10; 딤전 2:7; 딤후 4:17). 예수 그리스도 안에서 유대인이나 이방인은 하나님의 교회에 속한 동일한 구성원이 될 수 있다(엡 2:11-18). 신약의 다른 저자의 경우도 예수의 입장과 이를 따라간 바울의 입장을 견지한다.

또 '에트네'는 '그리스도인'의 대조어로서 교회론적인 용례로 사용되었다. 구약성경이나 유대교에서는 볼 수 없던 이러한 신약의 교회론적 용례는 특히 바울이나 베드로의 서신에서 찾을 수 있다. 바울의 경우 유대인이나 헬라인(이방인)이나 모두 '부르심을 받은 그리스도인'으로서 하나님 교회의 일원이다(고전 1:24; 5:1; 12:2 참조). 또 베드로전서에서 기독교인이 아닌 자가 '이방인'으로 지칭된다(벧전 2:12; 4:3; 엡 4:17 참조).

4. 신앙적·목회적 적용

앞에서 살펴본 것처럼, 신약성경에서 '이방인' 용어의 신학적 용례를 신앙적이며 목회적인 적용점을 다음과 같이 나타낼 수 있다.

첫째, 신약성경에서 '이방인'은 특정 민족을 가리키는 아닌 어떤 민족의 입장에서 보는 경우의 타 민족을 지칭한다. 헬라인의 입장에서 보면 유대인이 이방인인 것처럼, 유대인의 입장에서 보면 헬라인이 이방인이다. 어떤 민족이든지 외국에 살면 이방인이며 외국인이다. 그러므로 외국인을 차별 없이 대하여야 한다.

둘째, 교회론적 관점에서 유대인이든 이방인이든 예수를 그리스도로 믿음으로 말미암아 하나님의 자녀 된 자들은 모두 '머리되신 그리스도의 몸 된 교회'의 구성원이다(엡 2장). 따라서 신학적 의미에서 '이방인'은 일종의 민족 개념이 아니라, 예수 그리스도를 믿음으로써 결정되는 신학 내지는 신앙 개념이다. 곧 그리스도 밖에 있는 자가 '외인'이다. 그러므로 그리스도인은 이방인을 차별 없이 대해야 할 뿐 아니라, 이방인도 예수를 믿으면 '하나님 가족'(familia dei)의 구성원인 동일한 형제자매로 여기며 환대를 베풀어야 한다.

• 읽을 거리 •

Exegetisches Wörterbuch zum Neuen Testament I(1980). s.v. "ἔθνος". By N. Walter. Sp. 924-929.

Smith, J. B. *Greek-English Concordance to the New Testament*. Scottdale: Herald Press, 1955. 99.

Theologisches Wörterbuch zum Neuen Testament II (Studienausgabe 1990). s.v. "ἔθνος". By K. L. Schmidt. 362-69.

Aland, Kurt & Aland, Barbara (Eds.). *Griechisch-deutsches Wörterbuch zu den Schriften des Neuen Testaments und der frühchristlichen Literatur von Walter Bauer* ([6]1988). s.v. "ἔθνος". Sp. 440.

A GLOSSARY OF
THE NEW TESTAMENT

신약성경 용어해설집

21

신약성경의 '이웃'

πλησίον

용어를 중심으로

누가복음 10:36-37

Τίς τούτων τῶν τριῶν **πλησίον** δοκεῖ σοι γεγονέναι τοῦ ἐμπεσόντος εἰς τοὺς λῃστάς; ὁ δὲ εἶπεν· ὁ ποιήσας τὸ ἔλεος μετ' αὐτοῦ. εἶπεν δὲ αὐτῷ ὁ Ἰησοῦς· πορεύου καὶ σὺ ποίει ὁμοίως. 네 생각에는 이 세 사람 중에 누가 강도 만난 자의 **이웃**이 되겠느냐 이르되 자비를 베푼 자니이다 예수께서 이르시되 가서 너도 이와 같이 하라 하시니라

로마서 15:2

Ἕκαστος ἡμῶν τῷ **πλησίον** ἀρεσκέτω εἰς τὸ ἀγαθὸν πρὸς οἰκοδομήν· 우리 각 사람이 **이웃**을 기쁘게 하되 선을 이루고 덕을 세우도록 할지니라

에베소서 4:25

Διὸ ἀποθέμενοι τὸ ψεῦδος λαλεῖτε ἀλήθειαν ἕκαστος μετὰ τοῦ **πλησίον** αὐτοῦ, ὅτι ἐσμὲν ἀλλήλων μέλη. 그런즉 거짓을 버리고 각각 그 **이웃**과 더불어 참된 것을 말하라 이는 우리가 서로 지체가 됨이라

야고보서 2:8

Εἰ μέντοι νόμον τελεῖτε βασιλικὸν κατὰ τὴν γραφήν· ἀγαπήσεις τὸν **πλησίον** σου ὡς σεαυτόν, καλῶς ποιεῖτε· 너희가 만일 성경에 기록된 대로 네 **이웃** 사랑하기를 네 몸과 같이 하라 하신 최고의 법을 지키면 잘하는 것이거니와

1. 들어가는 말

나란히 또는 가까이 있어서 경계가 서로 붙어 있는, 또는 가까이 사는 집이나 그런 사람, 집, 지역을 일컫는 '이웃'이란 말에는 거리상으로는 주변 가까이 사는 사람을, 관계상으로는 어려움에 처한 상대방에게 도움이 되는 모든 존재가 포함되어 있다. 그런데 이웃은 근린 의식에 따른 친밀감으로만 연결되어 있지 않고 이웃이기 때문에 오히려 갈등 관계에 있는 경우도 많이 있다. 그렇기 때문에 성경에서는 이웃을 자신의 몸과 같이 사랑할 것을 계속하여 말씀하였고, 특히 예수께서는 이웃 사랑의 교훈을 통해 이방인(원수)까지 이웃으로 규정하시며 사랑할 것을 가르치셨다(마 5:43; 눅 10:29-37).

구약성경에서 친구, 연인, 동무, 이웃 사람 등을 포괄하는 용어로 '이웃'을 의미하는 '레아'(רֵעַ)는 언약 안에서 일어나는, 곧 하나님을 숭배하고 그의 명령을 따르는 사람들 사이에서 일어나는 만남을 가리키는데, '이웃 사랑' 개념과 결부되어 있는 용어이다. 이처럼 신약성경에서도 '이웃'에 해당하는 헬라어 '플레시온'(πλησίον) 역시 '이웃 사랑'과 관련되어 나타난다.

이처럼 신구약성경에서 윤리적으로 중요한 의미를 지니고 있는 '이웃' 용어가 신약성경에서 어떤 의미로 사용되었는지를 해명하기 위해, 먼저 '플레시온' 용어의 신약 각권별 빈도(頻度)와 의미(2)를 살펴보고, 그런 다음 신약성경에 나타나는 '이웃'의 신학적 용례와 특징(3)을 밝히고, 그 신학적 용례와 특징에 따른 신앙적이며 목회적인 적용점(4)을 찾아야 한다.

2. '이웃' 용어의 신약 권별 빈도와 의미

신약성경에서 '플레시온'은 모두 17번 등장한다. 그 중 한 번은 '가까운'을 의미하는 속격(屬格)의 전치사로 나타나며(요 4:5 참조), 그 외 16번은 '이웃'을 뜻하는 명사형으로 등장한다.

명사로 사용된 이 용어는 공관복음서(마 5:43; 19:19; 22:39; 막 12:31, 33; 눅 10:27, 29, 36)에서 8번과 사도행전(7:27)에서 한 번, 바울서신에서 5번(롬 13:9, 10; 15:2; 갈 5:14; 엡 4:25), 히브리서(8:11)와 야고보서(2:8)에서 각 한 번씩 나타난다.

헬라인들은 '이웃'을 동일한 헬라어를 사용하고 지식 수준이 비슷하며 문화적으로 소통할 수 있는 부류의 사람으로 여겼다. 그렇지만 유대인들에게 '이웃'은 유대인의 의식 속에 자리 잡고 있는 혈통적인 순수함과 관련된 동족(同族) 유대인만을 의미하지 않는 경우도 있었다. 특히 후대에는 '이웃을 사랑하라'(레 19:18)는 율법의 요구를 동족에게만 국한시킨 채 오히려 '적(이방인)을 미워하라'고 가르치기도 했다.

신약성경의 저자가 사용한 명사형 '플레시온' 용어는 16회 중에서 12회가 '사랑 계명'의 문맥에서 나타나며, 나머지 4회도 윤리적이고 법적인 맥락에서 등장한다. 이와 같이 신약성경의 저자들은 그리스도인들이 믿음과 행함이, 들음과 순종이 분리되어 있는, 곧 이론적 신앙에 머물러 있음에서 벗어나 실천척 신앙으로 탈바꿈하여 이웃 사랑을 실천하기를 원하였다.

3. '이웃' 용어의 신학적 용례와 특징

이 용어의 용례 중 4분의 3은 '사랑 계명'과 관련되어 있다. 특히 공관복음에서는 '하나님 사랑'과 '이웃 사랑'이 긴밀하게 내적으로 서로 결합되어 있는 '사랑의 이중 계명'과 관련하여 중요한 의미를 지니고 있다. 곧 예수를 시험하려고 '가장 큰 계명'에 대하여 묻는 바리새인 율법사의 질문에 '이웃을 자신처럼 사랑하라'고 한 예수의 대답(마 22:39; 막 12:31)에서, 또는 예수의 되물음에 대한 율법사의 동일한 대답(눅 10:27)에서 '이웃' 용어는 '이중 사랑' 계명의 맥락 안에 나타난다. 동일한 맥락에서 영생을 얻기 위해 무엇을 해야 할지를 묻는 부자 청년의 질문에 대한 예수의 대답에서 드러난다(마 19:19). 또 이 용어는 사랑해야 할 '이웃'의 범위를 '원수'까지 확대하는 예수의 '원수 사랑' 가르침(마 5:43)에서도 발견되며, "네 이웃 사랑하기를 네 자신과 같이 사랑하라"고 요구하는 레위기 19:18을 인용한 말씀(롬 13:9; 갈 5:14; 약 2:8)에서도 등장한다.

또 이 용어는 '이웃 사랑'의 맥락에서 '각 사람'(ἕκαστος)을 주어(主語)로 하고 '이웃'을 목적어(目的語)로 한 말씀에서도 발견된다(롬 15:2; 엡 4:25; 히 8:11[다른 읽기 본문]). 그리스도인이라면 각 사람은 '이웃'을 기쁘게 해야 하며, 그에게 선을 행하고 덕을 베풀어야 하고(롬 15:2), '이웃'과 더불어 참된 것을 말해야 한다(엡 4:25). 여기서도 '이웃'-용어는 윤리적으로 관련되어 있다.

때로는 이 용어가 특정한 상호 관계에서 구체적인 상대방을 가리키기도 한다. 예를 들자면 스데반의 '구속사(救贖史)' 설교(행 7:2-43)에서 모세가 해친 사람이 이 용어(한글 개역성경에서는 '동무')로 표현되어 있다. 또 신앙 공동체 안에서 한 형제에 의해 판단 받는 형제에 대해서도 이 용어가 사용되었다(약 4:12).

이와 같이 '이웃'-용어는 '이웃 사랑'의 맥락에서 등장하거나 윤리적인 맥락 안에서 나타난다. 이러한 맥락에서 중요한 것은 예수의 '이웃' 의식이다. 그것은 무엇보다도 마태복음의 산상설교 반제(反題) 단락(마 5:21-48) 중 '원수 사랑' 가르침 단락(마 5:43-47)에서, 누가의 '사랑의 이중 계명' 단락 후 '이웃이 누구입니까?'라고 묻는 율법사의 질문에 대한 비유 예화(눅 10:30-37)에서 분명하게 드러난다.

예수에게 '이웃'은 요한복음 4:5의 용례에서 보았듯이 지리적 개념으로 가까이 사는 사람이 아니다. 곧 '이웃'은 어떤 무리로 정의(定義)될 수 있는 특정 부류의 사람들이 아니다. 이웃을 굳이 정의하자면, '이웃'은 나 외의 모든 사람이다. 예수의 '이웃' 개념에는 '원수'까지도 포함되어 있다. 이런 맥락에서 예수는 '이웃을 사랑하고 원수를 미워해야 한다'고 생각하는 사람들에게 '더 나은 의'를 요구하며, 원수까지 사랑하라고 가르치셨다(마 5:43-47).

이러한 예수의 '이웃' 경계(境界) 철폐는 누가복음에 수록된 '선한 사마리아인의 비유'(눅 10:30-37)에서도 발견된다. "내 이웃이 누구입니까?"라고 묻는 율법 교사에게 예수는 즉답(卽答)을 피하고, 오히려 선한 사마리아인의 비유를 통해서 "네 생각에는 이 세 사람 중에 누가 강도 만난 자의 이웃이 되겠느냐?"라고 되물으신다. 이는 모든 사람이 이웃이 될 수 있기 때문에, '내 이웃이 누구인가?'를 묻는 질문은 우문(愚問)에 불과하며, 따라서 그 질문을 던지는 사람은 '자신이 누구의 이웃인가?'를 되물어야 한다는 것이다. 그러므로 '이웃 사랑' 주제에서 제기해야 할 중요한 질문은 '내 이웃이 누구인가?'가 아니라

'나는 누구의 이웃인가?'이다. 예수의 가르침에서 이웃은 결코 '대상(對象)'의 문제가 아니라 '주체(主體)'의 문제이다.

4. 신앙적·목회적 적용

신약성경에 나타나는 '플레시온' 용어의 신학적 용례와 특징에서 신앙적·목회적 적용점을 다음과 같이 요약 정리할 수 있다.

첫째, 신약성경에서 '이웃'-용어는 하나님 사랑과 관련된 '이웃 사랑'의 관점에서 신학적으로 다루어져 있다. 곧 하나님을 사랑하는 것은 이웃을 사랑하는 것과 동일하며, 하나님 사랑은 이웃 사랑을 내포(內包)해야 한다. 하나님 사랑과 이웃 사랑으로 요약되는 사랑이 그리스도인의 '기독교적인 삶'의 결정 기준이고 그 삶의 내용이다.

둘째, 이웃 사랑의 한계 내지는 정도의 기준은 이웃을 '자신처럼' 사랑하는 것이다.

셋째, 신약성경적인 '이웃' 개념은 '원수'까지도 포함하는 모든 사람이다. 그러므로 나 외의 다른 사람이 곧 이웃이다.

넷째, 타인이 곧 이웃이라면, '이웃' 문제는 '내 이웃이 누구인가?'라는 '대상'의 문제가 아니라 '나는 누구의 이웃인가?'라는 '주체'의 문제이다. 그러므로 이웃 사랑에서 중요한 것은 '탈(脫) 이론화'와 함께 '탈(脫) 대상화'이다. '이웃 사랑'에서는 실천이 중요하며, 자신이 다른 사람의 이웃이 되는 '주체화' 내지는 '내면화'가 절실하게 요구된다. 다른 사람의 이웃인 사람은 이웃을 자신처럼 사랑할 수 있다.

• 읽을 거리 •

장흥길, 『신약성경윤리』. 서울: 장로회신학대학교 출판부. [2]2009. 108-21.

Aland, Kurt & Aland. *Griechisch-deutsches Wörterbuch zu den Schriften des Neuen Testaments und der frühchristlichen Literatur von Walter Bauer* ([6]1988). s.v. "πλησίον". Sp. 151-52.

Exegetisches Wörterbuch zum Neuen Testament III (1983). s.v. "πλησίον". By K. Haacker. Sp. 265-69.

Schürmann, H. *Das Lukasevangelium*. HThK III. 2/1. Freiburg i. Br.: Herder, 1994. 120-22.

Smith, J. B. *Greek-English Concordance to the New Testament*. Scottdale: Herald Press, 1955. 294.

Theologisches Wörterbuch zum Neuen Testament VI (Studienausgabe 1990). s.v. "πλησίον". By H. Greeven. 309-16.

A GLOSSARY OF
THE NEW TESTAMENT

신약성경 용어해설집

22

신약성경의 '절제'

ἐγκράτεια

어군(語群) 용어를 중심으로

고린도전서 9:25

Πᾶς δὲ ὁ ἀγωνιζόμενος πάντα **ἐγκρατεύεται**, ἐκεῖνοι μὲν οὖν ἵνα φθαρτὸν στέφανον λάβωσιν, ἡμεῖς δὲ ἄφθαρτον. 이기기를 다투는 자마다 모든 일에 **절제**하나니 그들은 썩을 승리자의 관을 얻고자 하되 우리는 썩지 아니할 것을 얻고자 하노라

디도서 1:8-9

Ἀλλὰ φιλόξενον φιλάγαθον σώφρονα δίκαιον ὅσιον **ἐγκρατη**, ἀντεχόμενον τοῦ κατὰ τὴν διδαχὴν πιστοῦ λόγου, ἵνα δυνατὸς ᾖ καὶ παρακαλεῖν ἐν τῇ διδασκαλίᾳ τῇ ὑγιαινούσῃ καὶ τοὺς ἀντιλέγοντας ἐλέγχειν. 오직 나그네를 대접하며 선행을 좋아하며 신중하며 의로우며 거룩하며 **절제**하며 미쁜 말씀의 가르침을 그대로 지켜야 하리니 이는 능히 바른 교훈으로 권면하고 거슬러 말하는 자들을 책망하게 하려 함이라

베드로후서 1:5-7

Καὶ αὐτὸ τοῦτο δὲ σπουδὴν πᾶσαν παρεισενέγκαντες ἐπιχορηγήσατε ἐν τῇ πίστει ὑμῶν τὴν ἀρετήν, ἐν δὲ τῇ ἀρετῇ τὴν γνῶσιν, ἐν δὲ τῇ γνώσει τὴν **ἐγκράτειαν**, ἐν δὲ τῇ **ἐγκρατείᾳ** τὴν ὑπομονήν, ἐν δὲ τῇ ὑπομονῇ τὴν εὐσέβειαν, ἐν δὲ τῇ εὐσεβείᾳ τὴν φιλαδελφίαν, ἐν δὲ τῇ φιλαδελφίᾳ τὴν ἀγάπην. 그러므로 너희가 더욱 힘써 너희 믿음에 덕을, 덕에 지식을, 지식에 **절제**를, **절제**에 인내를, 인내에 경건을, 경건에 형제 우애를, 형제 우애에 사랑을 더하라

1. 들어가는 말

'사람이 욕망이나 감정 표현 따위를 정도를 넘지 않도록 알맞게 조절하거나 제어함'의 뜻을 가진 '절제'(節制)는 '해야 할 일은 용기 있게 곧바로 하고, 해서는 안 될 일은 용기 있게 결단하여 곧바로 물리쳐야 한다'는 의미도 포함하고 있다. 신약성경에서 몇 번 나타나지 않는 용어이지만 철학적 윤리학에서는 매우 중요하게 사용되었던 이 용어는 본래 구약성경이나 유대교에서 유래된 용어가 아닌 헬라 세계에서 빌려온 차용어로, 초기 기독교가 주변 세계에서 수용한 의미 있는 개념 용어다.

작금 한국 교회의 대(對) 사회 신인도(信認度) 하락의 원인 중 하나로 지목되는, 그리스도인이 '그리스도의 복음에 합당한 삶'(빌 1:27)을 영위하지 못하는 것과 관련하여 그리스도인의 신분과 삶의 태도, 자격이나 자질 중의 하나로 여겨지는 '절제'는 간과할 수 없는 신앙 덕목(德目)으로 오늘 우리가 다시 그 의미를 새기며 갖추어야 할 중요한 신앙적 요소이다.

이런 점에서 신약성경에서 '절제'가 어떤 의미를 지니며, 그 특징은 무엇인가, 또 '절제'를 언급하는 신약 저자의 신학적 의도는 무엇인가를 질문하고 답을 듣는 것은 매우 시의적절한 일이다. 곧 이런 질문에 대답하려면, 신약성경에 나타나는 '절제' 용어를 살펴보아야 한다. 먼저, '절제'를 의미하는 ἐγκράτεια 어군에 속하는 용어의 신약 권별 빈도(頻度)와 의미(2)를 살펴보고, 그 신학적 용례와 특징(3)을 조사한 다음, 그에 따른 신앙적·목회적 적용점(4)을 찾아보고자 한다.

2. '절제' 용어군의 신약 권별 빈도와 의미

Ἐγκράτεια 어군에 속하는 용어는 전체 신약성경에서 단지 일곱 번 등장하는데, 명사형 ἐγκράτεια〈절제〉는 네 번, 곧 사도행전 24:25, 갈라디아서 5:23, 베드로후서 1:6(두 번)에서 나타나며, 동사형 ἐγκράτευεσθαι〈절제하다〉는 고린도전서에서만 두 번(7:9; 9:25) 나타나고, 형용사 ἐγκρατής〈절제하는〉는 디도서(1:8)에서 단 한 번 언급된다.

이 용어는 복음서와 요한계시록에서는 전혀 나타나지 않으며, 사도행전에서 한 번 등장하고, 바울서신에서는 갈라디아서와 고린도전서와 디도서에서, 공동서신에서는 베드로후서에서만 등장한다.

이어서 ἐγκράτεια 용어군의 어원(語源)을 살펴보면 이는 '권력이나 지배'를 의미하는 어근(語根) κρατ-에서 유래한 κρατ-와 전치사 ἐν에서 유래된 접두어 ἐν과 합해진 것이다. 이 용어군은 '지배(통제) 안에'(under control)라는 뜻을 나타내 '자기 자신에 대한 주도권을 가지면서 모든것을 자유롭게 통제하는'의 의미를 갖고 있다.

헬라 세계에서 이 용어군은 일반적으로 무엇보다도 음식이나 술, 성욕을 비롯한 인간의 모든 욕구와 관련되어 유혹에 넘어가지 않으며, 지나치게 넘치지 않는 자율(自律)적 인간의 절제를 의미하였다.

신약성경에서 이 어군에 속하는 용어는 사도행전과 고린도전서를 제외하고 모두 덕(德)이나 자질(資質)과 관련된 목록에서 등장한다.

3. '절제' 용어군의 신학적 용례와 특징

신약성경에서 ἐγκράτεια 어군에 속하는 용어가 사용된 용례를 살펴보면, 크게 다음 세 가지로 요약할 수 있다.

첫째, 고린도전서에서 바울은 보다 나은 선(善)을 추구하기 위한 자기 절제를 표현하기 위해 이 용어의 동사형을 사용한다. 혼인과 관련된 여러 신분에 대한 권면에서 그는 고린도 교회 성도들에게 불같이 타오르는 정욕을 절제할 수 없다면 결혼하라(고전 7:9)고 말한다. 게다가 바울은 '달리기 선수' 비유(고전 9:24-27)를 사용하여 복음을 전하는 자신의 사도직을 변호하면서 복음이 모든 사람에게 전파되게 하기 위하여 자신의 몸을 쳐 복종하게 하고 모든 일에 절제한다고 서술한다(25, 27).

둘째, 명사형과 형용사형은 초기 교회 안에서 정형화된 것으로 보이는 '목록' 안에 언급된다. 사도행전(24:25)에서 명사형은 대제사장 아나니아에 의해 고소를 당한 바울이 벨릭스 총독 앞에 사적(私的)으로 부름 받아 예수 그리스도를 믿는 도(道)를 강론하는 주제 목록("의와 절제와 장차 오는 심판")에서 나타난다. 사도행전을 제외하고 이 용어는 '덕목(德目) 목록'(Tugendkatalog)에서 언급된다. 곧 갈라디아서(5:22-23)에서 '절제'(ἐγκράτεια)는 그리스도인에게 맺혀야 하는 아홉 가지 '성령의 열매' 목록에서 "사랑(ἀγάπη)과 희락(χαρά)과 화평(εἰρήνη)과 오래 참음(μακροθυμία)과 자비(χρηστότης)와 양선(ἀγαθωσύνη)과 충성(πίστις)과 온유(πραΰτης)"와 함께 마지막에 나타난다. 목회서신인 디도서(1:8)에서는 형용사형이 나타나는데, 그것도 바울이 디도에게 그레데 교회에서 감독을 세우는 경우에 고려해야 하는 자질 목록, 이른바 '감독 규정' 목록에 등장한다. 또 베드로후서(1:6)에서는 베드로가 그리스도인이 "신성한 성품에 참여한 자"(1:4)가 되도록 하기 위해 연쇄적으로 열거하는 '신앙 덕목 목록'인 '믿음(πίστις), 덕(ἀρετή), 지식(γνῶσις), 절제, 인내(ὑπομονή), 경건(εὐσέβεια), 형제 우애(φιλαδελφία), 사랑(ἀγάπη)' 가운데에 언급된다.

셋째, 절제와 함께 언급되는 '덕 목록'에 열거된 덕목은 1세기 당시에 그리스-로마 세계에서 통용되던 일반적인 덕목이 기독교에서 수용된 개념이다. 그렇지만 기독교계에서 아무런 여과 없이 그대로 수용된 것이 아니라, 음식이나 술, 성욕 등의 욕구에 대한 자기 조절과 통제, 훈련 등 이 용어가 지닌 일반적인 의미가 받아들여지면서도 신학적 맥락 안에서 비평적으로 수용되었다. 헬라 세계의 문헌과 구약성경의 헬라어 역본인 칠십인역(LXX), 그리스-로마 세계의 문헌과 신약성경을 비교하면, 이 용어는 야훼 신앙과 기독교 신앙에서 비평적으로 수용되었으며, 양적으로도 아주 적게 나타난다.

4. 신앙적·목회적 적용

신약성경의 '절제' 용어가 오늘날의 그리스도인에게 어떤 신앙적 의미가 있으며, 목회자들에게 어떤 목회적 의미가 있는지를 살펴보자.

첫째, 신약성경의 증인들에게 '절제'는 단순히 육체적 건강이나 정신적 자기 실현 내지는 자기 완성과 관련된 금욕(禁慾)을 의미하지 않는다. '그리스도의 몸 된 지체'(고전 6:15)로서 그리스도인의 경우 '불타는 정욕'(고전 7:9)이나 욕구의 제어(制御)와 관련되어 있다. 이런 점에서 기독교적 절제는 기독론과 관련되어 있다.

둘째, 신약성경의 '절제'는 자율적 인간이 무엇을 얻기 위해 행하는 목적 윤리의 수단이나 태도가 아니라, 예수 그리스도를 믿음으로 말미암아 자유하게 된 사람이 육체와 함께 정과 욕심을 십자가에 못 박고(갈 5:24) 성령 안에서 행하며 맺는 '성령의 열매'(갈 5:23)이다. 이런 점에서 신약성경의 '절제'는 성령론과 관련된 개념이다. 곧 그리스도인의 절제는 자신의 이성의 자유와 자율에 따른 것이 아니라 성령을 따라 살아가는 경우에 제어되는 삶의 자세이다.

셋째, 신약성경의 '절제'는 금욕적 자기 제어가 아니라 개인의 모든 삶과 행동을 자신에게 구원을 선사한 그리스도를 전하기 위하여 조율된 그리스도인의 삶의 태도이다. 바울은 이를 오직 복음을 전하기 위하여 자신의 "몸을 쳐 복종하게 함"(고전 9:25)이라고 말한다. 이런 점에서 '절제'는 선교론적이다.

넷째, 신약성경의 '절제'는 바울이 디도에게 권면한 '감독 자격 규정'에 나타나는 것처럼, 교회 지도자인 감독이 갖추어야 할 자격 내지는 자질 중 하나이다(딛 1:8). 그렇다면, 절제는 교회론적이다.

다섯째, 신약성경의 '절제'는 베드로 사도가 말한 것처럼 "신성한 성품에 참여한 자들"(θείας κοινωνοὶ φύσεως)에게 구비되어야 하는 자질이요, 덕목이다. 이런 점에서 '절제'는 신론(神論)적이다.

그러므로 그리스도의 몸된 지체로서 그리스도인은 성령을 따라 살면서 성령 안에서 그 열매를 맺으며 구원을 선물로 주신 그리스도를 위하여, 그분을 전하기 위하여 그 모든 삶과 행동을 절제하며 신의 성품에 참여한 자들이 되어야 한다.

• 읽을 거리 •

Aland, Kurt & Aland, Barbara (Eds.). *Griechisch-Deutsches Wörterbuch zu den Schriften des Neuen Testaments und der frühchristlichen Literatur von Walter Bauer* (^{6}1988). s.v. "ἐγκράτεια, ἐγκρατεύομαι, ἐγκρατής". Sp. 436-37.

Bauer, Walter. Revised & Edited by F. W. Danker. *A Greek-English Lexicon of the New Testament and other Christian Literature* (^{3}2000). s.v."ἐγκράτεια, ἐγκρατεύομαι, ἐγκρατής". 274-75.

Exegetisches Wörterbuch zum Neuen Testament I(1980). s.v. "ἐγκράτεια, ἐγκρατεύομαι, ἐγκρατής". By Horst Goldstein. Sp. 913-15.

Smith, J. B. *Greek-English Concordance to the New Testament*. Scottdale: Herald Press, 1955. 98-99.

Theologisches Wörterbuch zum Neuen Testament II (Studienausgabe 1990). s.v."ἐγκράτεια, ἐγκρατεύομαι, ἐγκρατής". By Walter Grundmann. 338-40.

A GLOSSARY OF
THE NEW TESTAMENT

신약성경
용어해설집

23

신약성경의 '종말'
(나중, 마지막, 말세)

ἔσχατος

용어를 중심으로

마가복음 10:31(마태복음 19:30)

Πολλοὶ δὲ ἔσονται πρῶτοι **ἔσχατοι** καὶ [οἱ] ἔσχατοι πρῶτοι. 그러나 먼저 된 자로서 **나중 되고 나중 된** 자로서 먼저 될 자가 많으니라

사도행전 2:17

Καὶ ἔσται ἐν ταῖς **ἐσχάταις** ἡμέραις, λέγει ὁ θεός, ἐκχεῶ ἀπο τοῦ πνεύματός μου ἐπὶ πᾶσαν σάρκα, καὶ προφητεύσουσιν οἱ υἱοὶ ὑμῶν καὶ αἱ θυγατέρες ὑμῶν καὶ οἱ νεανίσκοι ὑμῶν ὁράσεις ὄψονται καὶ οἱ πρεσβύτεροι ὑμῶν ἐνυπνίοις ἐνυπνιασθήσονται· 하나님이 말씀하시기를 **말세**에 내가 내 영을 모든 육체에 부어 주리니 너희의 자녀들은 예언할 것이요 너희의 젊은이들은 환상을 보고 너희의 늙은이들은 꿈을 꾸리라

고린도전서 15:26

Ἔσχατος ἐχθρὸς καταργεῖται ὁ θάνατος· 맨 **나중**에 멸망 받을 원수는 사망이니라

요한계시록 2:8

Καὶ τῷ ἀγγέλῳ τῆς ἐν Σμύρνῃ ἐκκλησίας γράψον· Τάδε λέγει ὁ πρῶτος καὶ ὁ **ἔσχατος**, ὃς ἐγένετο νεκρὸς καὶ ἔζησεν· 서머나 교회의 사자에게 편지하라 처음이며 **마지막**이요 죽었다가 살아나신 이가 이르시되

1. 들어가는 말

마지막에 대한 신앙, 곧 종말(終末) 신앙은 마지막을 위한 것일 뿐 아니라 오늘을 살아가는 그리스도인을 위한 것이다. 모든 그리스도인은 확실한 내일로써 불확실한 오늘을 믿음으로 살아가는 사람들이기 때문이다. 마지막에 일어날 대환난을 성경이 미리 보여 주는 이유는 생명책에 기록된 모든 자의 최종적인 구원을 보여 줌을 통하여 비록 오늘 고난 중에 있더라도 믿음을 가진 자들이 그 믿음을 부인하지 않고 신앙의 절개를 지킬 수 있도록 하기 위함이다.

'종말'은 신약성경 전체에 채색(彩色)되어 있어 신약신학의 주요 주제일 뿐 아니라 또한 그리스도인의 신앙과 삶에 있어서 핵심 개념이다. 이와 관련하여 신약성경에서 '종말'에 해당하는 용어를 이해하는 것은 성서신학적 사고와 사역에서 불가피하다.

신약성경에서 '종말'을 의미하여 나타나는 용어로는 '에스카토스'(ἔσχατος) 외에 '텔로스'(τέλος) 같은 용어가 있다. 그렇지만 '에스카토스'가 '텔로스' 등의 용어에 비해 복음서, 바울서신, 공동서신, 요한문헌 등 거의 모든 신약 저자의 책에서 나타나기 때문에, 신약성경에서 '종말'을 조사하려면 '에스카토스'의 의미와 용례를 해명하는 것이 더 우선적이다.

그러므로 신약성경에서 '종말'의 진정한 의미를 밝히기 위해서는 먼저 이 용어의 신약성경의 책별 빈도(頻度)와 의미(2)를 살펴보고, 신약성경에 나타나는 '종말'의 신학적 용례와 특징(3)를 해명한 다음, 그 신학적 의미와 특징에 따른 믿음과 삶, 목회에 적용할 수 있는 적용점(4)을 찾아야 한다.

2. '에스카토스' 용어의 신약 책별 빈도와 의미

신약성경에서 형용사인 '에스카토스'에 속하는 다른 용어로는 그 부사형인 '에스카토오스'(ἐσχάτως)를 들 수 있다. 그렇지만 부사형은 신약성경에서 마가복음에만 단 한 번 등장하는(hapaxlegomenon) 용어이다(막 5:23).

대부분의 신약 저자가 사용하는 '에스카토스'는 신약성경 전체에서 총 55회 나타난다. 그 중 공관복음과 사도행전에서 절반에 약간 미치지 못하는 24회(마태복음 10회, 마가복음 5회, 누가복음 6회, 사도행전 3회), 바울서신에서 6회 등장하는데, 그것도 고린도전서에서 5회, 디모데후서에서 1회(3:1) 나타나고, 요한문헌에서 17회(요한복음 8회, 요한일서 2회, 요한계시록 7회), 공동서신에서 6회(야고보서 1회[5:3], 베드로전서 2회, 베드로후서 2회, 유다서 1회[1:18]), 그 외에 히브리서에서 한 번(1:2) 등장한다.

그러나 이 용어는 고린도전서와 디모데후서를 제외한 바울서신과 요한이서 및 요한삼서에서는 나타나지 않는다.

3. '에스카토스' 용어의 신학적 용례와 특징

신약성경에서 '에스카토스' 용어의 신학적 용례는 일반적 용례와 종말론적 용례의 두 가지로 대별(大別)된다. 일반적인 용례는 '재물'(마 5:26; 눅 12:59), '공간'(행 1:8; 13:47), '지위'나 '서열'(마 19:30; 막 9:35), 또는 '시간'(마 12:45; 20:8-16; 27:64; 막 12:6, 22; 눅 11:26;

요 7:37; 벧후 2:20; 계 2:19)과 관련하여, '나중'이나 '끝', '마지막'의 의미를 나타내는 경우이다. 종말론적인 용례는 시간적으로 '마지막'의 의미를 나타내는 데서 찾아볼 수 있는데, 이는 바울 이후의 책에서 '전문 술어'(technicus terminus)로서 나타난다.

이 용어는 히브리어 성경의 헬라어 번역인 칠십인역(LXX)에서는 '여호와의 날'(אַחֲרִית הַיָּמִים)을 옮기는 데 사용되었다. 신약성경에서 '에스카토스' 용어의 종말론적 용례를 살펴보면, 종말은 '예수 그리스도의 도래'와 함께 시작되었다. 그것은 첫째, "나중 된 자가 먼저 되고 먼저 된 자가 나중 될 것이다"(막 10:31; 19:30)라고 제자들에게 말씀하신 예수의 로기온(logion)에서 '에스카토스'는 그를 따름으로 말미암아 하나님 나라에서 주어질 보상과 관련하여 '지상(地上) 관계의 역전(逆轉)'을 묘사하는 경우에 사용된 용어다. 그러나 마태복음에서 이 말씀은 재물이 많음으로 근심하는 '부자 청년 이야기'(마 19:16-26)를 뒤이어 '제자들의 따름에 대한 보상' 기사(마 19:27-30)의 마지막 말씀으로 사용됨으로써 종말론적·권고적 기능을 갖는다.

둘째, 바울의 경우 '에스카토스'는 두 가지 용례로 나타난다. 그 하나는 '사도적 자기 이해'라는 틀(고전 15:3-10)에서, 다른 하나는 '종말론적 시간표'(고전 15:20-28)라는 맥락에서 사용된다. 전자(前者)와 관련하여 바울은 자신을 사도의 자격이 되는 '부활의 증인' 목록에서 마지막에 둔다(고전 15:3-10). 후자(後者)와 관련하여 그는 '사망'을 "맨 나중에 멸망 받을 원수"(고전 15:26)로 여기며, 예수 그리스도를 종말의 때 죽은 신자를 신령한 몸으로 살려주는 '마지막 아담'으로 묘사한다(고전 15:45).

셋째, 이 용어는 바울 이후의 책에서 종말론적 전문 술어로 사용되었다. 묵시적으로 요엘서를 인용한 베드로의 오순절 설교(행 2:14-36)에서 '에스카토스'는 '마지막 때'(말세)를 나타낸다. 야고보는 '마지막 때'를 위하여 재물을 쌓아두는 부자들을 고소하는 재림과 심판의 맥락에서 이 용어를 사용하였다(약 5:3). 그리스도인을 '말세'에 나타나기로 예비하신 구원을 받을 자로 묘사하는 베드로전서의 도입 말씀(벧전 1:5)은 미래적인 종말론의 의미로 사용되었으며, '말세에 조롱하는 자들'에 대한 경고(벧후 3:3-7) 역시 종말론적 문맥에서 나타난다. 이는 유다서(18절)에서도 마지막 때에 정욕대로 한다는 것으로 나타나며, 또 히브리서(1:2), 베드로전서(1:20), 요한일서(2:18)에서는 미래적 종말론의 틀 안에서 사용되지만, 기독론적 또는 현재적 종말론의 의미를 지니고 있다.

넷째, 요한문헌에서 '에스카토스'는 구약에서 '여호와의 날' 전승과 관련하여 '마지막 날'을 의미하는 공식화된 전문 술어이다. 곧 요한복음에서 '마지막 날'은 미래적 종말론의 맥락에서 사용되었는데, 예수 그리스도는 그를 믿는 자들을 마지막 날에 다시 살리실 것이다(요 6:39-40; 11:24-26).

요한계시록의 경우에는 이 용어의 종말론적 전문 술어로서의 특징이 두드러지게 나타나는데, 특히 '계시자의 자기 이해'에서 그러하다. 예컨대, 예수 그리스도는 '처음'과 '마지막'이시다(계 1:17-18; 2:8). '계시자의 자기 묘사'에서 그 절정은 심판주로 곧 임하실 예수 그리스도가 "알파와 오메가요 처음과 마지막이요 시작과 마침"(계 22:13)이시라는 선언에서 드러난다. 또 '에스카토스'는 '일곱 대접'으로 내릴 재앙이 '마지막' 재앙임을 묘사하는 데 사용된다(계 15:1; 21:9).

요약하면, 신약성경에서 종말론적 용례로 사용된 '에스카토스'는 철저하게 예수 그리스도와 관련되어 있다. 곧 신약성경의 종말론은 기독론적인 종말론이다. 예수 그리스도와 함께 시작된 '하나님 나라'라는 관점에서 신약의 종말론은 단순히 미래적 종말론일 뿐 아니라 현세에서 시작되는 현재적 종말론도 담겨있는 '선취(先取)적 종말론'이다.

4. 신앙적·목회적 적용

신약성경에서 '에스카토스-용어의 신학적 용례를 그리스도인의 삶과 사역에 접목시켜 보면 그 적용점을 다음과 같이 나타낼 수 있다.

첫째, 그리스도인은 '마지막 날' 세상에서 겪었던 모든 고생과 어려움이 기쁨과 평안으로 바뀌는 지상 관계의 역전을 경험할 것이다.

둘째, 예수 그리스도는 종말의 때 죽은 신자를 살려주는 '마지막 아담'이시다.

셋째, 마지막 때 그리스도와 그를 따르는 자들을 조롱하는 자들은 멸망하게 될 것이다. 그러므로 그리스도인은 흔들림이 없이 소망 가운데 주의 일에 힘쓰는 자가 되어야 한다(고전 15:58).

넷째, 구약에 언급된 '여호와의 날' 전승의 맥락에서 사용된 '마지막 날'에 예수 그리스도는 그의 사람들을 다시 살리실 것이다.

이처럼 신약성서의 '에스카토스' 용례를 통해 알 수 있는 것은 신약의 종말론이 예수 그리스도에게로 향해 설정되어 있는 '기독론적 종말론'이며, 그리스도인의 삶을 권면하는 '윤리적 종말론'이라는 점이다. 그러므로 그리스도인들은 언제나 현세에 예수 그리스도와 함께 시작된 하나님 나라에 부합된 열매맺는 하나님의 백성들이어야 한다.

• 읽을 거리 •

장흥길. "신약성경의 종말론". 『교육교회』 제429호(2013. 12): 13-21.

_____. 『신약성경의 종말론』. 서울: 한국성서학연구소, 2016. 13-32, 207-26.

Aland, Kurt & Aland, Barbara (Eds.). *Griechisch-deutsches Wörterbuch zu den Schriften des Neuen Testaments und der frühchristlichen Literatur von Walter Bauer* (⁶1988). s.v. "ἔσχατος". 635-36.

Danker, F. W. (Ed.). *A Greek-English Lexicon of the New Testament and Other Early Christian Literature. Based on Walter Bauer's*. s.v. "ἔσχατος". 397-98.

Exegetisches Wörterbuch zum Neuen Testament II (1981). s.v. "ἔσχατος". By J. Baumgarten, 153-60.

Smith, J. B. *Greek-English Concordance to the New Testament*. Scottdale: Herald Press, 1955. 153.

Theologisches Wörterbuch zum Neuen Testament II (Studienausgabe 1990). s.v. "ἔσχατος". By G. Kittel, 694-95.

A GLOSSARY OF
THE NEW TESTAMENT

신약성경 용어해설집

24

신약성경의 '하나 됨'

εἷς, μία, ἕν

어군(語群) 용어를 중심으로

마태복음 23:8-10

Ὑμεῖς δὲ μὴ κληθῆτε ῥαββί· **εἷς** γάρ ἐστιν ὑμῶν ὁ διδάσκαλος, πάντες δὲ ὑμεῖς ἀδελφοί ἐστε. καὶ πατέρα μὴ καλέσητε ὑμῶν ἐπὶ τῆς γῆς, **εἷς** γάρ ἐστιν ὑμῶν ὁ πατὴρ ὁ οὐράνιος. μηδὲ κληθῆτε καθηγηταί, ὅτι καθηγητὴς ὑμῶν ἐστιν **εἷς** ὁ Χριστός. 그러나 너희는 랍비라 칭함을 받지 말라 너희 선생은 **하나요** 너희는 다 형제니라 땅에 있는 자를 아버지라 하지 말라 너희의 아버지는 **한 분**이시니 곧 하늘에 계신 이시니라 또한 지도자라 칭함을 받지 말라 너희의 지도자는 **한 분**이시니 곧 그리스도시니라

에베소서 4:3-6

Σπουδάζοντες τηρεῖν τὴν **ἑνότητα** τοῦ πνεύματος ἐν τῷ συνδέσμῳ τῆς εἰρήνης· **Ἓν** σῶμα καὶ **ἓν** πνεῦμα, καθὼς καὶ ἐκλήθητε ἐν **μιᾷ** ἐλπίδι τῆς κλήσεως ὑμῶν· **εἷς** κύριος, **μία** πίστις, **ἓν** βάπτισμα, **εἷς** θεὸς καὶ πατὴρ πάντων, ὁ ἐπὶ πάντων καὶ διὰ πάντων καὶ ἐν πᾶσιν. 평안의 매는 줄로 성령이 **하나 되게** 하신 것을 힘써 지키라 몸이 **하나**요 성령이 **한** 분이시니 이와 같이 너희가 부르심의 **한** 소망 안에서 부르심을 받았느니라 주도 **한** 분이시요 믿음도 **하나**요 세례도 **하나**요 하나님도 **한** 분이시니 곧 만유의 아버지시라 만유 위에 계시고 만유를 통일하시고 만유 가운데 계시도다

야고보서 4:12

Εἷς ἐστιν [ὁ] νομοθέτης καὶ κριτὴς ὁ δυνάμενος σῶσαι καὶ ἀπολέσαι· σὺ δὲ τίς εἶ ὁ κρίνων τὸν πλησίον; 입법자와 재판관은 오직 **한 분**이시니 능히 구원하기도 하시며 멸하기도 하시느니라 너는 누구이기에 이웃을 판단하느냐

1. 들어가는 말

“내가 에브라임의 손에 있는 바 요셉과 그 짝 이스라엘 지파들의 막대기를 가져다가 유다의 막대기에 붙여서 한 막대기가 되게 한즉 내 손에서 하나가 되리라”(겔 37:19)는 말씀에서 보듯 갈라진 이스라엘 두 왕국은 하나 됨을 꿈꾸었다. 오늘날 분단의 아픔을 간직하고 살아가는 우리 나라에도 절실하게 필요한 주요 과제 중의 하나가 ‘통일’(‘하나 됨’)임은 두 말할 필요가 없다. 또 동서고금을 막론하고 모든 공동체의 공통적인 이상(理想)은 나누어진 것을 합쳐서 하나의 조직과 체계 아래로 모이게 하거나 여러 요소를 서로 같거나 일치되게 맞추는 ‘하나 됨’이며, 이는 단체나 기관, 조직이나 공동체가 바라는 기본적이고 핵심적인 가치이다.

이런 면에서 교회도 예외가 아니다. 온갖 갈등과 문제로 하나 되지 못한 교회는 건강하지 못한 교회로 그 존재의 핵심 가치를 잃어버린 교회이다. 그 모든 갈등과 문제를 극복하고 주 안에서 하나 된 교회라야 건강한 교회로 진정한 공동체성을 회복하여 그리스도의 한 몸 된 교회로서 하나님의 뜻을 이 땅에서 이루어낼 수 있다.

이런 점에서 ‘하나 됨’에 대한 신약성경의 가르침을 찾고, 그것을 오늘날의 교회로 옮길 수 있는 신학적인 방향 설정점을 제시하는 것이 절실하게 요구되는 때이다. 이를 위해 신약성경에 나타나는 ‘헤이스’(εἷς)-어군에 속하는 용어의 신약의 책별 빈도와 의미(2)를 살펴보고, 그 신학적 용례와 특징(3)을 조사한 다음, 그에 따른 신앙적이며 목회적 적용점(4)을 모색하고자 한다.

2. '헤이스' 어군의 신약 책별 빈도와 의미

'하나'를 의미하는 '헤이스'(εἷς)-어군에 속해 있는 용어들은 신약성경에서 총 400회 이상 등장하는데, 복음서와 사도행전에서 220회 이상 나타나고, 디모데후서, 베드로전서, 요한이서와 요한삼서, 유다서를 제외하고는 신약성경 각 권에 두루 나타난다.

그런데 몇 가지 경우(벧후 3:8 등)를 제외하고는 대부분 이 어군에 속한 용어는 수사(數詞)로 사용되지 않고 신학적 용례로 사용되었다.

3. '헤이스' 어군의 신학적 용례와 특징

신약성경에서 εἷς-어군에 속해 있는 용어들은 다음 일곱 가지 영역에서 신학적으로 의미 있게 사용되었다.

첫째, 이 용어들은 신론(神論)적 용례로 사용되었다. 신약성경 이전에 형성된 구약성경과 초기 유대교 문헌에서 '하나'(εἷς)는 '하나님'과 함께 사용되어 유일신 신앙을 표현하였다. 곧 경건한 유대인들이 아침, 저녁으로 기도하는 구약의 신앙고백문인 '쉐마 이스라엘'(신 6:4-5; 참조. 막 12:29-30)에서 '하나님은 한 분이시다'(יהוה אחד, εἷς ὁ θεός). 이러한 구약과 초기 유대교의 신관은 신약성경에서도 그대로 유지되었다. 유대인의 경우처럼 그리스도인에게도 하나님 외에 그 어떤 신도 존재하지 않는다(막 12:29, 32). 바울은 모든 그리스도인에게 아버지가 되시는 '하나님은 한 분'(εἷς θεός)이시며, 만물이 그에게서 났고 그를 위해 존재한다(고전 8:6)고 말한다. 곧 세상의 기원과 목적이 한 분 하나님 안에 있다.

둘째, 기독론(基督論)적 용례로 사용되었다. 신약성경에서 유일신(唯一神) 신앙은 야훼 하나님에게서 그 아들 예수 그리스도에게로 확대된다. 한 분이신 하나님은 그 아들 예수 그리스도로 말미암아 모든 믿는 자들의 아버지가 되신다. 그리고 아버지 하나님이 한 분이신 것처럼, 그 아들 예수 그리스도 역시 한 주님이시다(고전 8:6; 참조. 마 23:8-10; 약 4:12; 계 1:8, 22:13). 만물이 유일하신 하나님에게서 난 것처럼, 만물이 한 분 그리스도로 말미암았다(고전 8:6).

셋째, 성령론(聖靈論)적 용례로 사용되었다. 하나님과 예수 그리스도가 한 주님이신 것처럼, 성령도 한 분 주님이시다. 몸이 하나이며 성령도 한 분이시다(엡 4:4). 다양한 은사를 주시는 성령도 한 분이시다(고전 12:9, 11). 또 유대인이나 헬라인이나 세례를 받아 한 몸이 된 것도 한 성령으로 말미암은 것이다(고전 12:13).

넷째, 구원론(救援論)적 용례로 사용되었다. 기독론이 믿는 자에게 적용되면, 그 결과 구원론이 뒤따른다. '한 사람' 용어가 그리스도의 구속 사역과 관련하여 사용된 용례는 무엇보다도 로마서 5장의 '아담-그리스도 모형론'(롬 5:12-21)에서 찾아볼 수 있다(고전 15:47 참조). 아담과 그리스도는 인류의 운명을 짊어진 '운명 담지자'(Schicksalsträger)이다. 한 사람의 범죄를 인하여 사망이 그 한 사람으로 말미암아 왕 노릇을 한 것처럼, 더욱 은혜와 의의 선물을 넘치게 받는 자들이 한 분 예수 그리스도로 말미암아 생명 안에서 왕 노릇을 하게 되었으며(롬 5:17), 한 사람의 불순종으로 인하여 많은 사람이 죄인 된 것 같이, 한 사람의 순종하심으로 말미암아 많은 사람이 의인이 된다(롬 5:19).

다섯째, 교회론(敎會論)적 용례로 사용되었다. 교회의 모든 구성원인 성도들은 '한 몸'(ἕν σῶμα)이신 예수 그리스도의 지체이다. 이는 특히 바울의 경우 잘 나타난다. 성도들은 그리스도 안에서 한 몸이 되어 서로 지체가 되었다(롬 12:8). '한 분 하나님'(갈 3:20)의 아들이신 '한 분 그리스도'(갈 3:16)가 곧 '하나의 복음'(갈 1:6-7)이며, 그리스도의 한 몸을 이루며 하나 되게 하신 성령의 전인 교회(엡 4:4)는 '하나의 교회'(갈 3:26-28; 5:6; 6:15; 고전 1:10-4:21 참조)이다. 또 에베소서에서는 하나님이 한 분이신 것(엡 4:6)처럼 "주도 하나이요, 믿음도 하나이요, 세례도 하나"(엡 4:5)이다. 교회는 그리스도의 한 몸이요, 그리스도는 한 몸 된 교회의 머리이시다(엡 1:22-23).

여섯째, 성례론(聖禮論)적 용례로 사용되었다. 주 예수 그리스도 이름으로 베풀어진 세례는 하나이다(엡 4:4). 예수 그리스도를 죽으심과 다시 사심을 기념하는 유일회적인 세례와 같이 성찬 역시도 한 분이신 그리스도를 기념하는 성례이다. 성찬 시 나누는 떡은 한 몸이신 그리스도에 참여하는 것이다(고전 10:17-18).

일곱째, 윤리(倫理)적 용례, 특히 성(性) 윤리와 관련하여 사용되었다. 하나님께서 천지를 창조하실 때 마지막 날 남자와 여자를 만드셨고(창 1;27), 남자가 여자와 합하여 둘이 '한 몸'(μία σάρξ)을 이루도록 하셨다(창 2:24). 이에 따라 예수께서도 이혼을 금지하였는데(막 10:1-12), 음행의 연고 외에 이혼이 엄격하게 금지된다(마 19:9). 바울의 경우도 하나님께로부터 받은 바 그리스도인의 가운데 계신 성령의 전이 된 그리스도의 지체로 한 성령에 참여한 자는 매춘부와 합하여 '한 몸'(μία σάρξ)이 되는 것을 결코 용납할 수 없다(고전 6:12-20).

4. 신앙적 · 목회적 적용

신약성경에서 '헤이스'-어군 용어의 의미와 신학적 용례와 특징에서 신앙적이며 목회적으로 적용할 수 있는 메시지는 다음과 같다.

첫째, 한 분 아버지 하나님, 한 주님 아들 예수 그리스도, 한 분 성령은 기독교 유일신 신앙 안에서 언급된다. 이로써 하나의 배타적인 믿음이 요구된다. 다른 신은 없다. 복음은 하나이며 다른 복음은 없다. 천하에 예수 그리스도 이름 외에 구원을 받을 다른 이름이 없기 때문이다(행 4:12).

둘째, 이 용어는 교회론, 성례론, 은사론과 관련되어 사용되었다. 교회는 그리스도의 몸이므로 하나가 되어야 한다. 게다가 교회에서 베풀어지는 성례 역시 그리스도의 한 몸 됨을 기념하는 유일회적(세례), 반복적인(성찬) 거룩한 예식이다.

셋째, 이 용어의 윤리적 용례와 관련하여 믿음으로 그리스도와 하나 된 것처럼 믿음의 삶으로도 하나가 되어야 한다. 바울은 자신이 그리스도와 하나 된 삶을 위한 그리스도를 본 받은 것처럼, 고린도 성도들에게 자신을 본 받으라고 권면한다(고전 11:1). 곧 그리스도와 하나 되는 것은 그리스도의 복음에 합당하게 사는 것이다(빌 1:27). 그것이 하나이신 삼위일체 하나님처럼 교회의 하나 됨을 유지하게 하는 근본적인 신학적 메시지이다.

하나가 되는 길은 결코 모든 차이를 무시하여 획일성을 부르짖으며 '너'를 '나'처럼 만들려 하거나, '내'가 '너'에게 맞추어 주는 것이 아니라, 서로의 다름을 인정하면서 '너'도 '나'도 예수 그리스도의 마음을 품는 것이다(빌 2:5).

• 읽을 거리 •

장흥길. 『그리스도의 복음에 합당하게- 설교를 위한 빌립보서 원문 연구』. 서울: 한국성서학연구소, 2009.

Aland, Kurt & Aland, Barbara (Eds.). *Griechisch-deutsches Wörterbuch zu den Schriften des Neuen Testaments und der frühchristlichen Literatur von Walter Bauer* ([6]1988). s.v. "εἷς". Sp. 464-67.

Bauer, Walter. Revised & edited by F. W. Danker. *A Greek-English Lexicon of the New Testament and other Christian Literture* ([3]2000). s.v. "εἷς". 291-93.

Exegetisches Wörterbuch zum Neuen Testament I (1980). s.v. "εἷς, μία, ἕν". By H. D. Betz. Sp. 399-400.

Smith, J. B. *Greek-English Concordance to the New Testament*. Scottdale: Herald Press, 1955. 104.

Theologisches Wörterbuch zum Neuen Testament II (Studienausgabe 1990). s.v. "εἷς, μία, ἕν". By E. Stauffer. 432-40.

A GLOSSARY OF
THE NEW TESTAMENT

신약성경
용어해설집

25

신약성경의 '화해'
(화목)

καταλλαγή

용어를 중심으로

가르침교훈 감사
거룩 경건 교회
기도 기쁨희락
동역 말씀 복음
사랑 생명 섬김
성경 세대영원 끝날
소망 율법 용서죄 사함
의 이방인 이웃
절제 종말나중 마지막 말세
하나됨 화해화목

로마서 5:10

Εἰ γὰρ ἐχθροὶ ὄντες **κατηλλάγημεν** τῷ θεῷ διὰ τοῦ θανάτου τοῦ υἱοῦ αὐτοῦ, πολλῷ μᾶλλον **καταλλαγέντες** σωθησόμεθα ἐν τῇ ζωῇ αὐτοῦ· 우리가 원수 되었을 때에 그의 아들의 죽으심으로 말미암아 하나님과 **화목하게** 되었은즉 **화목하게 된** 자로서는 더욱 그의 살아나심으로 말미암아 구원을 받을 것이니라

고린도후서 5:18-20

Τὰ δὲ πάντα ἐκ τοῦ θεοῦ τοῦ **καταλλάξαντος** ἡμᾶς ἑαυτῷ διὰ Χριστοῦ καὶ δόντος ἡμῖν τὴν διακονίαν τῆς **καταλλαγῆς**, ὡς ὅτι θεὸς ἦν ἐν Χριστῷ κόσμον **καταλλάσσων** ἑαυτῷ, μὴ λογιζόμενος αὐτοῖς τὰ παραπτώματα αὐτῶν καὶ θέμενος ἐν ἡμῖν τὸν λόγον τῆς **καταλλαγῆς**. Ὑπὲρ Χριστοῦ οὖν πρεσβεύομεν ὡς τοῦ θεοῦ παρακαλοῦντος δι' ἡμῶν· δεόμεθα ὑπὲρ Χριστοῦ, **καταλλάγητε** τῷ θεῷ. 모든 것이 하나님께로서 났으며 그가 그리스도로 말미암아 우리를 자기와 **화목하게** 하시고 또 우리에게 **화목하게** 하는 직분을 주셨으니 곧 하나님께서 그리스도 안에 계시사 세상을 자기와 **화목하게** 하시며 그들의 죄를 그들에게 돌리지 아니하시고 **화목하게** 하는 말씀을 우리에게 부탁하셨느니라 그러므로 우리가 그리스도를 대신하여 사신이 되어 하나님이 우리를 통하여 너희를 권면하시는 것 같이 그리스도를 대신하여 간청하노니 너희는 하나님과 **화목하라**

1. 들어가는 말

의식주(衣食住) 문제가 해결되었다고 해서 인간이 인간답게 살 수 있다거나 행복하게 살 수 있는 것은 아니다. 인간을 인간답게 하는 것은 본질적으로 하나님과의 관계를 어긋나게 하는 죄로 일그러진 것에서 회복되어 인간의 죄과를 그들에게 돌리지 않으시고 그리스도를 통해 그의 의를 드러내심으로 세상과 화해하신 하나님과 올바른 관계를 가지는 것과, 비록 나약한 존재일지라도 인간이 새롭게 하시는 하나님의 역사를 체험하고 하나님의 뜻을 따라 그 화해의 소식을 전하며 하나님께서 주시는 정의와 평화와 생명이 세계 속에서 승리하게 하는 데에 기여하는 것이다.

미움과 분열과 갈등의 골이 깊어가는 이 시대에 인간이 행복하고 인간답게 살고 세상이 하나님의 뜻과 정의와 평화와 생명이 가득하게 변화되게 하기 위해서는 '화해'(和解)의 역사가 절대적으로 필요하다. 무엇보다 하나님과 사람 사이에 화해가 우선적이며, 그 전제와 토대 위에서 계층, 빈부, 이념, 정치, 부모, 자식, 형제, 이웃 간에 싸움하던 것을 멈추고 서로 가지고 있던 안 좋은 감정을 풀어 없애는 화해가 뒤따라야 한다. 그렇기 때문에 '화해'는 신앙과 목회의 핵심적인 주요 과제 중 하나이다.

이 과제를 실행하기 위해 먼저, 신약성경에서 '화해'에 해당하는 '카탈라게'(καταλλαγή) 용어의 신약 각권별 빈도(頻度)와 의미(2)를 살펴보고, 그런 다음 신약성경에 나타나는 '화해'의 신학적 용례와 특징(3)과 함께, 그러한 신학적 용례와 특징을 신앙과 목회에 적용할 수 있는 적용점(4)을 찾아야 한다.

2. '화해' 용어의 신약 권별 빈도와 의미

신약성경에서 나타나는 '화해'(화목) 용이의 어근(語根)인 '카탈라그'(καταλλαγ-)는 전치사 '카타'(κατά)와 '교환하다', '변화하다'를 의미하는 동사 '알라쎄인'(ἀλλάσσειν)이 결합된 합성동사 '카탈라쎄인'(καταλλάσσειν)에서 유래되었다. 하나님과 인간 사이의 상태의 변화와 그로 인한 인간의 변화를 나타내는 '카탈라쎄인'은 신약성경에서 6회 나타나며(롬 5:10[2회]; 고전 7:11; 고후 5:18, 19, 20), 그 명사형인 '카탈라게'(καταλλαγή)는 4회 등장한다(롬 5:11; 11:15; 고후 5:18, 19).

무엇보다 이 용어는 바울서신에서, 그것도 주요 서신인 로마서와 고린도전·후서에서 발견되는 바울의 전문 술어(technicus terminus)이다. 원래 이 어군(語群)의 용어는 바울 이전의 헬라 세계에서 사용되었는데, 플루타크(Plutarch)는 알렉산더 왕을 '세상의 화해자(καταλλαγή)'로 묘사하였고, '헤어지다'(ἀπαλλάσσεσθαι)의 반대어였던 '카탈라쎄스타이'(καταλλάσσεσθαι)는 헤어진 부부가 재결합함을 의미하는 혼인 관련 전문 용어로 사용되었다(고전 7:11 참조). 바울은 이를 '예수 그리스도의 복음'에 적용하여 기독교 구원의 진리를 해명(解明)하였다.

3. '화해' 용어의 신학적 용례와 특징

신약성경에서 이 용어를 유일하게 사용한 바울은 '화해'의 용례를 그 대상에 따라 두 가지로 대별(大別)하여 사용하였다. 곧 이 용어는 단 한 번 '사람과 사람' 사이에 사용되었고(고전 7:11), 그 외의 경우 '하나님과 인간' 사이에 사용되었다(롬 5:10; 고후 5:18-20). 혼인 관계를 표현하는 경우를 제외하고, 이 단어는 '하나님과 인간' 사이의 관계를 묘사함으로써 모두 신학적인 용례로 사용되었다.

하나님은 그 아들 예수 그리스도로 말미암아 죄인된 인간을 자신과 화목하게 하셨으며, 또한 그리스도 안에 계신 하나님이 바울에게 '화목하게 하는 말씀'을 부탁하셨다(고후 5:18-19). 이 말씀을 따라 바울은 고린도 교회의 성도들에게 그리스도의 사신(使臣)으로 '화목하게 하는 말씀'을 전하였으며, 그리스도를 대신하여 그들에게 하나님과 화목할 것을 간청하였다(고후 5:20). 이때 하나님은 그리스도 안에서 '화목하게 하시는'(καταλλάσσειν) 분이시며, 그리스도를 믿는 자들은 하나님과 '화목하게 된다'(καταλλαγῆναι).

바울은 하나님과 인간 사이의 화해는 인간이 아니라 오직 하나님에 의해 이루어진다고 말한다. 곧 그것은 예수 그리스도 안에 거하시는, 화목하게 하시는 하나님을 믿음으로 말미암아 가능하다. 누구든지 그리스도 안에 있으면 '새로운 피조물'이며(고후 5:17), 또한 하나님과 화목하게 된다(고후 5:18-19).

이와 같이 바울의 경우 '구원'은 그리스도 안에서 일어난 하나님의 '새로운 창조'이며, 그 결과 그리스도인은 하나님과 화목하게 된다. 이런 점에서 믿음으로 말미암은 '칭의'는 '새 창조'이며, 동시에 '화해'이다. 게다가 그리스도의 복음을 전하는 자는 바로 '화목(화해)하게 하는 말씀'(λόγον τῆς καταλλαγῆς)을 전하는 '화해(화목)하게 하는 직분'(διακονὶα τῆς καταλλαγῆς)을 받은 자이다.

무엇보다도 '화해' 개념은 바울이 '죄인 된 자가 예수 그리스도를 믿는 믿음으로 말미암아 의롭다 여김 받는다'(롬 1:18-5:21)는 이신칭의(以信稱義)의 구원론을 전개하는 주요 서신인 로마서에서 분명하게 나타난다(특히 롬 5:1-11). 고린도후서에 언급된 내용은 로마서에서 세 가지 점에서 근본적으로 확장되었다.

첫째, 하나님의 진노 아래에 있는 인간은 하나님과 화해를 이루는 것이 반드시 필요하다(롬 1:19-3:20). 둘째, 화해는 '연약하고 경건하지 않은 자'(롬 5:6), '죄인 된 자'(롬 5:8), '하나님과 원수 된 자'(롬 5:10)를 위하여 그리스도께서 죽으심으로써 입증된 하나님 사랑의 결과이다. 이런 점에서 화해의 주체는 하나님 외 다른 분이 아니다. 셋째, 예수 그리스도를 믿음으로 말미암은 이신칭의의 결과는 '하나님과의 평화'이다(롬 5:1). 이 경우 화해는 인간에게만 국한되어 적용되지 않고, 인간과 함께 하나님의 피조물인 세상을 포함한다. 곧 복음에 대한 이스라엘의 거절은 '세상의 화목'(롬 11:15)이 된다.

4. 신앙적·목회적 적용

앞에서 살펴본 '화해' 용어의 신학적 용례와 특성을 신앙과 목회에 접목시킨 그 적용점을 다음과 같이 나타낼 수 있다.

첫째, 바울은 유대교의 속죄 사상과 결합되어 있던 화해 사상으로써 당시 헬라 세계에서 사용되던 '화해' 용어를 차용(借用)하여 예수 그리스도의 복음을 해명하려 하였다.

둘째, 바울은 그리스도 사건을 '새 창조'로 이해하였다. 곧 그리스도를 통하여 하나님께서는 하나님을 믿는 인간을 새로운 피조물로 만드시고 자신과 화해하게 하셨다.

셋째, 바울은 자신의 기독론적 칭의론으로써 칭의를 화해와 관련지어 다루었다. 그러므로 바울의 경우 예수 그리스도를 믿음으로 말미암아 의롭다 여김을 받은 자는 하나님과 화목하게 된 자와 동일하다. 그리스도 안에 있는 자는 누구든지 하나님과 화목하게 된 하나님의 새로운 피조물이다. 곧 '하나님의 창조'는 '그리스도의 새 창조'의 '그림자'이다.

바울의 경우 그리스도로 말미암은 '칭의', '새 창조', '화해'는 동일시된다. 무엇보다도 이러한 구원의 주체는 은혜로우신 하나님이시다. 하나님은 칭의와 화해 안에서 그리스도 안에서 새로운 피조물 된 자에게 자신의 신실하심을 보여준다.

• 읽을 거리 •

Exegetisches Wörterbuch zum Neuen Testament II(1981). s.v. "καταλλαγή". By H. Merkel. Sp. 644-650.

Smith, J. B. *Greek-English Concordance to the New Testament.* Scottdale: Herald Press, 1955. 197.

Theologisches Wörterbuch zum Neuen Testament I(Studienausgabe 1990). s.v. "καταλλαγή". By F. Büchsel. 254-60.

Aland, Kurt & Aland, Barbara (Eds.). *Griechisch-deutsches Wörterbuch zu den Schriften des Neuen Testaments und der frühchristlichen Literatur von Walter Bauer* ([6]1988). s.v. "καταλλαγή". Sp. 841.